黃英雄著

黃英雄歌仔戲劇本集②

比文招親

文史哲出版社印行

感謝國立傳統藝術中心籌備處補助出版

黃英雄歌仔戲劇本集

黃英雄【著】

第一輯

【推薦序】

在場的藝術

李　喬

跟黃英雄先生結識，是在公視單元劇「過年」拍片現場。在「過年」裡我以「會說客語，會唱日本歌的老頭子」條件，榮膺主角。黃先生找上來是討論拙作「台灣，我的母親」改編爲舞台劇的事宜，以後池及公視製作「文學過家」。黃先生熱心傳授經驗，也參與劇本的寫作。幾年的接觸瞭解，知道黃先生是一位識廣多能，全心投入戲劇的教學、編導，偶爾也上場一獻身手的人物。

最叫人驚訝的是這位出入學院的劇界全才，卻對於發軔發展於台灣社會的「歌仔戲」情有獨鍾，創作了多部精彩歌仔戲劇本，而且每一部都上演了。創作新戲是歌仔戲界盛事，黃先生於此一往情深，成績斐然，令人驚喜叫人敬佩。

歌仔戲的形式介於「戲劇」與日本的「歌舞伎」（kabuki）之間。其淵源衆說紛紜，可確定的是有歌有舞又有劇（劇情的戲表現）的歌仔戲，完全是台灣常民社會中發展出來的，早期幾乎被棄於所謂上層社會，然而它是常民的主要娛樂方式，因其貼近常民的喜怒哀樂，所以活力十足。也許有其藝術境界的侷限，但這不是重點，歌仔戲發展的根本阻礙是在題材劇目的陳舊而主題失時且多含負面的東西，相對的，眞正反映當下現實的劇本幾乎長久缺席。誠然，在某藝術形式下，題材主題是有可能普同而永恆的，但是如果不能與現實當下有所呼應，必然祇能置諸博物館作永久紀念。換言之，「陳世美棄糟糠」「貍貓換太子」——依然可以棄、可以換，但主題設計上要能觸動現代人「婚姻不穩」「官場的以假亂眞」的「現實」，不然，「陳世美行爲模式」誰都不動容；「嬰兒管理規則」誰都不相信的。另一方面，現實人間太多太多可以入戲上舞台的了；如果歌仔戲不能將現實人間，或寫實呈現，或變形演出，歌仔戲就難免被判出局命運。歌仔戲原本是十分自由活潑的舞台表演，然則彼若不測，劇作家便是第一罪人。

人類經由長遠的歷史經驗累積，恍然於當下現實最珍貴的體悟，再經由神學的，哲學的、歷史學等等的深化探討，確定「藝術必須在場」的理論基礎，而藝術呈現成績證明了這個理論。歌仔戲和其他藝術品必須「在場」（presents）方能活潑發展、被喜愛；在被喜愛之下吸收滋養而繼續壯大、提升。在這個角度看，黃英雄先生獻身歌仔戲新劇創作，成了「寂寞英雄」，可敬可賀。

黃英雄先生的劇作，取材普及古今國內外，而主題不忘與現實對話，一一切合上文所述特色，就文本論，有下列各項特色：

一、故事性頗強，道白增加，唱工減少，這一點明顯的與傳統風格有異。

二、台詞平白，有現行普通話傾向。幽默風趣的風格，則與傳統若合符節。

三、主題傾向上，繼承了傳統歌仔戲、客家採茶戲的共同特色：弱者復仇得勝，苦中作樂永不妥協放棄。劇中多苦情，但哀而無傷，怨而不恨，這是十足的傳統歌仔戲風格。

四、取材廣泛，眼光獨到，除了創作性的「古事新寫」的「比文招親」「再生緣」外，創作的渡台先民劇：「羅漢腳仔」；兒童歌仔戲劇本：「財神請鼓掌」是教育部文藝創作獎首獎作品；「台灣，我的母親」是三千行敘事詩改編的歌仔戲劇本。「聖劍平冤」是台灣式的「哈姆雷特」（黃先生自云，脫胎於莎翁的「哈」劇。）

——由以上的羅列可知，黃先生用心之深與用力之勤，也可見其野心不小。黃先生除劇作之外，還寫小說等，且出版多部，鮮為「外人」知的是，彼又練武功教拳術，還是河南溫縣陳家溝陳氏太極拳嫡傳十九代傳人。至於未來志業，黃先生殷勤致意：希望以戲劇的形式，深究人的心靈奧秘，描繪廣大宇宙中，人是什麼？人的存在意義云云。而在途徑上，可能經由佛經的勘悟，尋獲那拈花微笑的本來面目……

黃英雄先生是實實在在「在場」於台灣當下現實的劇作家、勤奮的導演。其立足於本土的「在場劇作」，豐富了吾人的歌仔戲；必然的彼在歌仔戲發展史上，已然奠定了不可移易的地方。為黃先生賀，更為歌仔戲喜。謹此為序。

（本文作者李喬先生為國策顧問）

【自序】種子落地．生命開始

黃英雄

從事歌仔戲劇本創作的時間雖然不很長，卻絕不是偶然。

從前廟會迎神賽事之後，隨之而來的是布袋戲或歌仔戲的演出。在缺乏娛樂的那個年代，能夠在黃昏洗完澡，全身輕鬆舒坦地來到廟前觀賞演出，是令人無比雀躍與期待的事。

每每觀賞之後，不自覺地沉浸在劇情溫馨對待中，有股即將幻化為劇中人物的衝動；雖然有時不免對自己的傻啞然失笑，卻又喜愛那種韻流而無法自拔。

五、六〇年代的台灣，曾以歌仔戲演員為班底，拍攝了大量的台語電影。特殊的組合不只對當時台灣電影工業有了直接的貢獻，更兼負了歌仔戲的轉變延伸與另一個空間的發展。今年剛逝世的李泉溪導演堪稱這方面的權威，拍了一百多部的歌仔戲電影，無人能出其右。

筆者有幸與李導演共同為公共電視製作編寫了廿五集連續劇「春花望露」，過世前一星期，還吩咐我代為出外景為光啓社導戲；未料戲方殺青，卻接獲他仙逝的消息，心中眞是百感交集。只是沒有機會告訴他，在他生命接近尾聲中最信賴的人，其實是小時候受他戲劇影響最深的人。這本劇集的出版，李導演絕對與有榮焉。

近年來有所謂精緻歌仔戲的推出。剛起步時，多以大陸編寫的劇本演出，某些劇目確實有其攝人的場面與精彩的衝突。

但以整體的創作而言，劇本並非原創而略顯遺憾。

雖然曾在適當的時機中提出懇切的建言，但並不受採納；甚至有人直指會有這種結果，實在是因爲台灣缺乏歌仔戲的編劇。

民國八十五年參予台北市政府舉辦的戲劇季，受邀編寫了歌仔戲「比文招親」，在台北社教館連滿三場，增添了自己對歌仔戲劇本創作的熱情與動能。在觀眾席中聽到如雷的掌聲，心中當下暗自期許，有生之年，一定要爲台灣留下一百本的創新歌仔戲劇本。

此次蒙傳統戲曲籌備處的贊助，將六個劇本分兩冊出版，應該是很好的開始。

期望這些劇本能夠由點而面地擴展到全台的歌仔戲劇團、以及喜歡歌仔戲的學子手中；希望能對他們的表演有著些許的互動與助益，更期盼有拋磚引玉之效。

出版的另一緣由，也有著普及「著作權」的心願與觀念。

以「比文招親」爲例，首演之後立即被高雄某劇團演出，更甚者參予首演的某些演員將「比文招親」拿到某有線電視分上下集演出。雖然劇名改了，劇情也略作修改，劇中人名卻大多相同，但這製作團體事前卻未知會作者。

特別提出這個事實，只想平靜地分析歸納，日後歌仔戲想成爲有力且受重視的劇種，每位參予者必先學會尊重別人，才能受到別人的尊重。

感嘆歌仔戲長期以來是個「艱苦」的藝術行業，且都缺乏著作權法的認知和訊息，但只要努力傳遞這種認知，相信日後的會步上正軌的。因此心中難過了二個小時後，就暗暗原諒他們了。

懷著一個臨界點的期許，但願這本劇本集的出版，能給予所有喜歡歌仔戲的人共同的勉勵與認知。引用劇本演出前，打個電話告知編劇，起碼是一名辛苦的戲劇創作者最卑微的期許吧！

劇本集中「台灣我的母親」歌仔戲劇本改編自李喬老師的同名長篇詩集。曾由筆者編寫成「咱來去番仔林」客家舞台劇，在台北社教館演出；後被河洛劇團相中，再由筆者改編成歌仔戲在國家戲劇院演出。唯演出本與當時送審原創略有不同。

在此要特別感謝李喬老師的慷慨，同意我將此劇收錄在個人創作集中，更要謝謝他以疼愛後輩心情為本劇集寫序。

謝謝關心我的師長、朋友諸多鼓勵，謝謝雷清芬、孫素蘭於百忙中協助打字、校稿、編排，也謝謝周婉菁的資訊提供與勉勵。你們的支持是我能於艱困中勉力完成此書、並且順利出版的動力。

目錄

八十五年度台北戲劇季
歌仔戲劇本

比文招親

人物表

林青
高秋芳
顏俊
小紅
顏父
顏母
高父
高母
阿吉
縣官
老師（夫子）
媒婆
船頭家
龐輝
僕人
丫環

迎親隊伍
打手二人
捕快若干

第一場　弄琴思親

場景：顏家客廳

人物：林青、顏俊、阿吉、顏父、顏母

△林青撫琴吟嘆

林青：(歌)　歲月如流又一春
　　思念逝世雙親心頭悶
　春風吹面一陣陣
　哀哀孤子淚紛紛
　幸得舅父來收留
　收租算帳作助手
　閒來讀書書房守
　期望科期榜上求

△顏父與顏母上

顏父：青兒——

林青：原來是舅父舅母，林青在此請安了——

顏母：青兒，看你一面彈琴，一面哀嘆，莫非是住在阮顏家受了委屈？

林青：舅母千萬不通誤會，顏家肯收留我，林青已經感恩不盡，我只是突然想起死去的

顏父：唉！人死不能復生，何況姐姐臨死之前將你託養於吾，吾豈能有負於九泉之人？爹娘——
林青：顏家上下對我恩重如山，林青作牛作馬難報萬一——
顏母：你也不用想那麼多，只要交待你收的帳，規規矩矩加我收回來就好！
顏父：是啦！下旬將近，青兒你就準備妥善，速速過莊收租。
林青：林青曉得——
顏父：這回阿舅特別交待你一件重要之事——
林青：何事請舅父儘管吩咐——
顏父：唉！我顏家單生一子，可惜養尊處優，整日留連於酒樓妓院，實在令人失望——
林青：表兄只是貪玩，再過一段時日，必能自歸正途！
顏父：唉！希望如此！青兒，我想這回乎伊和你逗陣去收租！
林青：這嘛——
顏母：是啦！你要加減加伊教！看伊以後會親像人否——
林青：既是舅父舅母交待，林青焉有不遵之理？
顏父：如此最好——俊兒何在？

△顏俊一臉睡眼惺忪上上

顏俊：（唸）昨瞑我有作一夢
　　夢我甲查某囝仔去遊江

我強要加伊揪入房
失手跌倒醒來才知空

顏俊：透早就一直叫，一直喊，是不是叨位火燒厝？
顏父：哼！出嘴就無好話！俊兒，今日阿爹要乎你跟青兒逗陣去收租！
顏俊：唉喲！——走那麼遠腳眞瘐，乎林青自己去就好啦，何必那麼麻煩？
顏母：俊兒，你想看邁！咱的家產這麼多，總不能一直俍靠別人呀！
顏俊：不會啦！林青管理得也不錯啦，乎伊去收就好！
顏父：俊兒！你聽清楚！今仔日你若無隊青兒去收租，以後我就無認你這個後生！
△顏父生氣起身入內
顏母：唉喲，你看，害你老父氣蔡蔡！俊仔，你愛聽阿母的話！趕緊隊青兒去，我入去
加你老爸講情——
△顏母隨後入內
林青：表兄，要不咱現在即刻起程——
顏俊：唉喲，你一人去就好！何必娶歸陣，去收租又不是去「相拍」！
林青：舅父既是如此交待，必有伊的用意，表兄，你稍待片刻！
顏俊：你還要作啥——
林青：(歌) 父母遺留只一項
人情義理愛思量

不能辜負爹娘的恩望
猶如心田種花叢
顏俊：(歌) 你是阮厝的總管
凡事你邁乎我煩
講到收租我心就亂
來回百里想到腳會彎
△林青從神桌上取下香火，掛在頸上
顏俊：出門還掛香火，又不是小孩——
林青：唉！阮林家遭逢火祿，家徒四壁，如今只剩這個媽祖的香火與我相伴。
顏俊：要愛香火眞簡單，我來去廟口要買多少就有多少！
林青：此香火來歷不凡，是我出世之後乎媽祖作契子，出門將香火掛在身，就親像爹娘
隨時在保庇我——
顏俊：你頭殼歹去！若我是甘願查某摟在身——
△阿吉上
阿吉：俊兄——
顏俊：阿吉仔，是你？
阿吉：透早就面仔臭臭？走啦！
顏俊：不行啦！我今仔日愛加林青去收租！

阿吉：收啥租？咱不是甲艷紅約好，講要去甲伊捧場？你若無去，會乎人笑死——

顏俊：對呀！你無講我煞乎抹記哩！林青！

林青：表兄，有何吩咐？

顏俊：我代誌眞多，收租之事你自己去就好！

林青：可是——阿舅和阿妗交待——

阿吉：林青，顏少爺平時對你按怎？

林青：眞好呀！

阿吉：既然眞好，現在伊有困難，你是不是要甲伊逗腳手？

林青：這嘛——

顏俊：邁在那邊這啦彼啦！代誌就按呢決定！你自己去收租。

林青：可是舅父若知影——

顏俊：你若邁講，伊怎樣會知？

阿吉：對——林青，你收租轉來，來怡春樓找阮，那時候顏少爺再跟你一起回來，按呢就無人知影——

顏俊：對，就這麼決定！阿吉仔，咱來去！

△顏俊與阿吉下

林青：表兄——唉！罷了——表兄既然不肯與吾隨行，我也不能誤了收租之事，待吾奉請媽祖與吾隨行，保佑弟子一路平安順事——

△林青將香火掛上

△鑼鼓聲起

△遠遠似乎傳來打雷之聲

△燈暗

第二場 雨中初逢

場景：野外河邊連廟內

人物：林青、秋芳、小紅、船家

△承上場雷聲

△林青撐傘狂奔

林青：(唱) 緊來走呀，依——

依——半路遇雨向前去

向前來去——向前來去

不通誤了期——

△林青揮手，船家靠岸

△高秋芳與小紅亦快步奔來

秋芳：(唱) 緊來走呀——依

依——傾盆大雨將吾欺
向前來去——向前來去
不通延遲——
△小紅揮手招呼船家
小紅：船頭家，稍等一下，阮小姐要坐船呢——
船家：這嘛——這船已經乎這位公子包去了——
林青：唉呀，船頭家，雨愈來愈大，你就將船靠岸，反正我也不趕時間——
△船家搖船靠岸，小紅牽小姐上船。秋芳上船差點跌倒，林青上前扶她，兩人又羞澀分開
林青：(唱)　輕移蓮步一釵裙
沉魚落雁紅珠粉
不知誰家千金門
害我心頭亂紛紛
秋芳：(唱)　看伊一表的人才
溫文有禮好風采
共船渡河是天主宰
好的姻緣望天安排
△在快速換景中，船已靠岸，船家離去

△突然天空又打起雷

小紅：唉呀！小姐要按怎，雨愈來愈大呢——

秋芳：出門時袸，忘了帶傘，這要如何是好？

林青：小姐——

小紅：喂——你想作啥？

林青：傾盆大雨，若有閃失總是不好，我是恐驚小姐玉體違和，這雨傘就暫借小姐二人——

秋芳：（羞澀）這——

小紅：（一把搶過傘）也不早講，多謝！多謝！

秋芳：這怎麼敢當，公子雖有惻隱之心，但是你自己——

林青：這倒無妨，前面不遠之處有一間媽祖廟，咱暫且前往避雨——

秋芳：這——

小紅：要避雨就快點，還站在這兒講那麼多？

林青：小姐，隨我來——

△三人繞圈過門，場景已轉換成老舊的媽祖廟內

△秋芳與小紅收傘後見林青衣衫全濕，內疚不已，秋芳向小紅耳語，小紅會意拿傘還林青

小紅：眞歹勢，你將傘借乎阮，自己卻淋濕了——

林青：無妨！——哈啾！
小紅：你寒到了還說無妨？
林青：(唱) 有道是十年修得同船渡
結識小姐的媒人是大雨
小紅：(唱) 萍水相逢你就亂招呼
莫非是青子叢在瘋某
小紅：好！既然你不在意，雨又這麼大，你乾脆就送我們好了——
秋芳：小紅！不得無禮！
小紅：小姐，雨這麼大，我們不趕路，難道就按呢在這兒黑目督白目？
△秋芳望出廟外——
秋芳：這——說不定是緣份——
小紅：呀？妳是講跟伊？
秋芳：邁黑白講！咱本來過溪朝拜媽祖，沒想到因爲下雨才發現這間舊廟——
林青：是啦！新廟起好，舊廟就慢慢乎人遺忘。每次我若經過此地，總不忘朝拜，順煞清掃一番呢！
秋芳：此地風光美麗，可比世外桃源。剛才還豔陽高照，一會兒又雨勢傾盆，這倒使我想起一首詩——
小紅：啥？妳還有心情吟詩？

秋芳：（唱）山光斂豔雲爲衣。
　　山色空濛雨亦奇——
△秋芳有意無意地停頓，林青搖頭晃腦不覺對了下聯
林青：（唱）欲把西湖比西子，
　　淡妝濃抹總相宜。
秋芳：你——（羞澀）
林青：（著急）眞不住，在下冒犯了——
秋芳：（歌）出口成章顯才氣
　　一語雙關意有所指——
林青：（歌）心思相近詩中意
　　巧遇知音暗中喜
小紅：唉喲——看不出你嘛是讀書人？
林青：實不相瞞，在下是一個手不能提、肩不能挑的文弱秀才，只因科期未屆，故委身親戚家中爲其收租，未想今日有緣與二位姑娘相會——對了！小姐一定餓了，我這有乾糧！
△小紅接過，小姐羞澀接受了
小紅：哇！按呢眞正有緣呢！我們本來要去燒香——
林青：（歌）焚香來告復何辭？

善惡平分神自知
屏卻曖昧心裡事
出門無礙是通時。

林青：兩位小姐一番誠心，何不隨緣就此禱祝——

秋芳：這位公子說的極是，小紅，妳就將供品攏上香案，我們在此向媽祖燒香亦是一樣——

小紅：是——

秋芳：（歌）手拿清香表露心意
希望媽祖露玄機
比文招親遠近皆知
意中人爲何來遲？

林青：（歌）巧逢佳人令我痴
雖是有意卻遲疑
一貧如洗無計施
痴人作夢自我欺

△秋芳將一金釵拿給林青

林青：這是——

小紅：阮小姐感謝你雨中相助之情，這是伊的心意——

林青：舉手之勞，豈敢承此大禮？
小紅：唉喲，你讀冊是讀去「腳脊片仔」？眞笨——
林青：妳意思是——？
小紅：你甘看不出阮小姐對你？
林青：我家徒四壁，尙且寄人籬下，小姐乃千金之體，在下豈敢有非份之想？
小紅：有機會就多想，說不定機會就是你的！小姐，雨停了，咱來去——
林青：且慢，小紅姐姐，日後如何找尋妳們？
小紅：去高家莊問人高員外住那兒，大小漢攏知啦——
△小紅牽羞澀的秋芳離去
林青：小姐——
△林青歡欣端詳金釵
△燈暗

第三場 好竹歹筍

場景：顏家客廳
人物：顏父、顏母、媒婆、顏俊、阿吉、林青
△顏父與顏母上

顏父：（唸）家財萬貫重節義
　　平時賑災又佈施
　　恩望名聲傳千里
　　後生趕緊擱生子兒

△媒婆匆匆上

媒婆：員外夫人，阿金婆有禮了——
顏母：拜託妳之事，辦得如何？
媒婆：唉喲，好熱，我先入內洗把臉，出來再慢慢說——

△媒婆入內

△林青與顏俊、阿吉上

顏俊：你實在無人有！我正和豔紅糖甘蜜甜，你強強將我拉回？
阿吉：是呀！拆散人家的鴛鴦夢，後遍生子無鼻孔！
林青：表兄，你不是說收租回來要與你同行？要不舅父若知——
顏俊：好啦——緊入內繳帳，我還要去見豔紅呢——

△三人入內

林青：參見舅父、舅母——
顏父：哈——收租回來了？青兒，你先去繳賬，順煞休息！
林青：是（退下）

顏俊：阿爸！無代誌我也要走了——

顏父：稍等一下！爹有話要加你講。

顏俊：啥代誌？

△媒婆上

媒婆：還不是爲了你的親事！

顏俊：眞的？這回有成功否？

媒婆：歹勢，百里方圓，無一位查某囝仔敢嫁你！

顏俊：妳講啥？

（唱）妳不會游泳牽拖身驅重

親成無成應該怨媒人

我顏俊名聲是透街巷

若要娶某會當娶好幾房

媒婆：（歌）你敢講我是不敢聽

少爺的輕重誰人不知影？

我替你四界講親成

看到我去攏不乎我入大廳。

顏母：阿金婆仔，阮當然知影自己的輕重，但憑阮顏家的產業，難道還不夠格替阮俊兒娶一房好媳婦？

媒婆：伊若是只長得無按怎倒也罷了，問題是——

顏父：哼！不用說了，你這畜牲，平時吃喝嫖賭、遊手好閒，這下你吃到苦果了吧？

顏俊：娘——阿爸甲我罵——

顏母：好了啦！事到如今說這些有啥路用？

顏父：攏是妳平常將伊慣壞了——

顏母：不管按怎講，子兒嘛是你生的，你不能將責任往我身上推！

顏父：罷了！阿金婆，勞駕妳多走幾家，務必幫阮顏家這個忙——

△顏父取出銀子塞給媒婆

媒婆：當然——那有媒婆不想賺紅包？我盡力就是——

顏母：那就麻煩妳，來！已經午時了，妳就留下來一起吃午飯——

媒婆：按呢怎麼好意思？有抓擱有吃？

顏父：請——

△顏父母與媒婆入內

顏俊：哼！看貓的眞無點！我若無自己娶一個美嬌娘回來，我的名字乎你顚倒寫！

阿吉：唉！你是浪子回頭？要無然怎麼忽然想要娶某？

顏俊：你少廢話！只要你能告訴我，啥所在有漂亮的姑娘，我重重有賞！

阿吉：哈——你怎麼不早說？我正好要招你去高家莊逍遙！要去看鬧熱！

顏俊：我要看姑娘，不要看鬧熱——

阿吉：（歌）高家很早有貼告示
比文招親眞有雅意
聽講小姐肉白又擱水（美）
若是過關財產攏乎你
顏俊：（歌）有這種好孔現在才講起？
有抓有吃無人可以跟我比
我文武雙全誰不知
速速來去莫遲疑
顏俊：既然有這種好孔的，咱還在等啥？
阿吉：這你就不知影，高家小姐目頭眞高，選來選去攏無甲意！所以高員外也眞著急，所以乾脆來個「比文招親」！
顏俊：啥乎作比文招親？
阿吉：就是由他們出對子，若是連對三關者，高小姐就嫁乎伊！
顏俊：啥——眞有此事？
阿吉：這件代誌已經好幾天了，只是到現在攏還沒人過關呢！
顏俊：哈——眞是天助吾也！阿吉仔，你我二人即刻前往高家莊！
阿吉：啥？你眞正要去試？
顏俊：按怎？我甘無夠格？

阿吉：夠——我怎麼敢說你無夠格？

△燈暗

第四場　金帳思君

場景：秋芳閨房

人物：秋芳、小紅、高父、高母

△秋芳持線香對窗外喃喃祝禱——

秋芳：（歌）自從媽祖廟一別

心中意念不曾滅

莫非姻緣早就設

媽祖庇佑莫坎坷

雖然不識伊名字

贈糧之情眼前移

雀躍心頭暗歡喜

若是良緣媽祖愛緊指示

△秋芳似乎回味起過去的情景，嘴巴咀嚼著

△小紅入內，訝異地望著她

小紅：小姐，妳在吃什麼？
秋芳：啊？沒——沒有呀！
小紅：沒有？我剛才明明看妳嘴巴嚼個不停——
△小紅找四周，但未發現任何東西
秋芳：跟妳說沒有，妳就是不信——
△小紅發現線香——
小紅：哦，我知影了，小姐，原來媽祖廟內彼個公子乎妳的那塊餅妳還沒吃完？
秋芳：小紅，妳——
小紅：按怎？乎我料中了？
秋芳：妳這丫頭愈來愈不是款，看我按怎教訓妳——
△兩人在房內追逐嬉戲，一不小心，小紅正好撞上了剛走進的員外與夫人。
小紅：啊！是員外和夫人？
高父：妳兩人究竟是在做啥？
高母：芳兒，妳阿爹在外爲妳舉辦「比文招親」，目的是想藉這機會選一位出色的子婿，而妳自己卻如此嬉鬧無度，要是傳出去，豈不是顏面無光？
秋芳：阿母，我本來就無贊成什麼「比文招親」嘛！
高父：妳無贊成？
秋芳：（歌）姻緣本來就天註定——

一篇文章決定我運命
魯莽行事是算啥？
不如侍奉爹娘在大廳。
高父：哈——這個問題阿爹早就想到了，所以應考的人必須通過三關！
秋芳：三關？
高父：第一關由妳的老師把關，第二關由我和妳阿娘把守，第三關由妳自己出題，只要你不同意，就算不通過。
秋芳：這嘛——
小紅：好是好！就怕應該來的不來，無應該來的來了一牛車！
高父：啊！此話何意？
高母：這我怎麼知道？現在的查某囝仔想法，親像甲阮卡早彼時袸不同了——
高父：芳兒妳放心！姻緣雖是天註定，但是主裁權還是由妳決定，妳若無說好，阿爹也絕不能勉強妳！
秋芳：阿爹，已經有多少人來面試——
高父：多如過江之鯽！只是攏總是庸才之輩，實在找不出一位能與吾女匹配！
小紅：敢有一位姓林的？
高父：陳林滿天下，何止一位？咦？妳有熟識之人？
小紅：啊？無——

高父：嗯！——算了，外面廳頭今日又來了一大堆，夫人，與我前廳一行，看看今日可有啥出色的人才？

△高父與高母下

△秋芳送父母後，面露著急狀

小紅：小姐，妳邁著急，若妳的就是妳的！

秋芳：妳——！妳若黑白講，我就不饒妳！

小紅：好啦，我邁講！要不咱再去媽祖廟燒香，人家說，有燒香有保庇呢！

△秋芳雙手合什，窗外天際似乎若隱若現浮著媽祖影像

合唱：（歌）招親之事心不穩
懇求媽祖的允准
有緣人成意愛郎君
必然親身叩謝神恩

△燈暗

第五場　比文招親

場景：高家大廳

人物：夫子、龐輝、阿吉、顏俊、高父、高母

△夫子上，口中喃喃，坐定太師椅——

夫子：(唸) 把守頭關大廳坐

文人雅士動嘴皮

高談闊論講家世

朽木糞土你請回

△僕人帶龐輝、阿吉、顏俊上

僕人：三位請入內——

△僕人下，三人忐忑不安地入內

△夫子低頭打量三人——

夫子：三位攏是來應徵？

阿吉：我？無啦——豬屎籃仔也要甲人結紅綵？我阿吉仔無啥優點，就是有自知之明，我是陪公子讀書的。

夫子：嗯！既然如此，就請你坐到另一端——

△夫子看了名帖，緩緩望龐輝一眼

夫子：龐輝——

龐輝：正是在下！

夫子：我有一對聯，你若能對上，第一關就算你通過。

龐輝：在下曉得，先生請賜教——

夫子：水性自云靜——

　　石中亦無聲——

龐輝：這簡單——

　　如何兩相激

　　雷轉空山驚！

夫子：嗯——有來歷——

△夫子指著廳上一幅觀音大士的神像

夫子：老夫再以觀音圖為題，你可要聽清楚了——

龐輝：請——

夫子：活現女人身

　　不假鬚眉

　　能使古今稱大士

龐輝：這嘛——(苦思)

夫子：(半晌後) 好！思考時間已過，你請回吧！

龐輝：慚愧——告辭——

△龐輝滿面羞愧退出

△夫子又望顏俊

夫子：你叫顏俊？

顏俊：我就是！你不相信可以探聽阮顏家眞有錢——

夫子：老夫不必打聽什麼，倒是你要仔細聽好！

顏俊：不通出題太深呢——

夫子：（吟）　不煉金丹不坐禪——

不爲商賈不耕田——

顏俊：這嘛——

△顏俊求救地望向阿吉，但阿吉也聳聳肩

夫子：顏公子，請對下聯——

顏俊：我對！我對！是說眞奇怪！不煉金丹不坐禪：不爲商賈又不耕田？請問一下，那

這樣這個人應當做啥？

夫子：嗯，看來你是未曾熟讀唐解元的言志詩——很抱歉，顏公子，你落選了——

顏俊：耶，你怎麼這麼說？我都還沒說話呢——

夫子：來人呀！送客——

△僕人上

僕人：二位請——

△顏俊與阿吉不走，僕人只好強行拉出

△高父與高母出

夫子：高員外，夫人——

高父：看來今日希望又落空了——

夫子：世風日下，全是一些不學無術之徒！

△三人搖頭嘆氣

△燈暗

第六場 逆處生潮

場景：顏家後花園

人物：林青、顏俊、阿吉

△林青心情惆悵，哀嘆吟調——

林青：（歌）手持金釵心似煎

林青無語問蒼天

思慕之情藏心田

何日再見誰能言？

蝴蝶尚能雙雙在花叢

我只能低吟問西窗

河邊相逢莫非是一場夢

若無怎會日夜攏心茫茫

△林青坐在石桌旁，不覺睡著了——

△喝得醉醺醺的顏俊與阿吉蹣跚著腳步上

顏俊：酒擱拿來——

阿吉：大仔，你按呢飲也不是辦法，你就是醉死了，高家小姐也不知道——

顏俊：我不甘願！

阿吉：誰人會甘願？莊頭莊尾大小漢攏在談論高家比文招親之事，邁講彼個高秋芳生得多俏，光是高家那些財產就眞迷人——

顏俊：這回不管按怎，我一定要將高家小姐娶到手！阿吉仔——

阿吉：啊？按怎？

顏俊：我平常時待你如何？

阿吉：那還用說，吃穿看你，啥人有法度甲你比？

顏俊：人家說吃人一斤還人十六兩，你也該想機會報答我呀！

阿吉：我？邁講笑！我身軀連個碎銀兩攏無，我要按怎報答你？

顏俊：只要你替我想辦法，等我若將高秋芳娶過門，到時你要什麼我攏答應！

阿吉：這個嘛——

顏俊：按怎？平常時鬼頭鬼腦，是按怎今仔日攏靜靜？

△阿吉爲難之際，忽見石桌打盹的林青

阿吉：啊！我有啦！

顏俊：啊？有啦？甲啥人？

△阿吉不理，逕自搖醒林青

阿吉：喂，林青，醒來——

林青：好睡呀——好睡——

顏俊：哦？林青仔，阮爸請你來在兒睡？

林青：表兄，眞不住，一時太累，坐在石棹煞去乎睡去！

阿吉：俊仔！代誌妥當了——

顏俊：什麼妥當？

阿吉：高家招親之事，你不是叫我想辦法？

（歌）招親的代誌已經想妥當

顏俊：（歌）妙計快說邁乎我心慌慌

阿吉：（歌）林青才高是秀才郎

代你應試娶回女紅妝

顏俊：敢有妥當？

阿吉：看我的——（上前叫醒林青）林青啊

林青：（歌）方才好似看到小姐的形蹤

醒來只見一野狼——

阿吉：你講啥？

林青：無啦——

（歌）白日作夢太荒唐

夢中情景轉眼空。

△阿吉向顏俊耳語，顏俊會意

顏俊：坐——林青，不要客氣——

林青：我——

顏俊：來——我敬你——

林青：我不會喝酒——

顏俊：林青，你到我們顏家多久我是忘了，可是我們可不曾虧待你喔——

林青：我知影——

（歌）林青自幼知孔禮

知恩報答最聽話

若不是顏家乎我機會

我早就落難無面皮

顏俊：（歌）吾厝對你無人嫌

每日閒閒吃茶配李鹹

薪水嘛無加你減

有代誌你愛幫忙不能走閃

阿吉：按呢你聽有無？高家莊的高員外正在爲查某子比文招親，阮大仔的意思是希望你替伊去應試——

林青：按呢恐驚——萬一——

阿吉：無那麼嚴重啦！只要憑你的文才過了三關，到時高小姐一入門，伊總不能坐回頭轎——

林青：可是這樣豈不是違背人倫之常，犯了詐欺大罪？

顏俊：哼！林青！今日總算看清你了。原來你那報恩的話只是隨便說說？既然如此，我也不想勉強你，你現在立刻走吧！

林青：啥？你是要將我趕出顏家？

顏俊：要不留你多吃米？按今仔日起，你不用再踏入吾顏家大門一步！

林青：這——

阿吉：耶——顏少爺，你邁生氣，有話慢慢講——林青呀！這就是你的不對！好歹你甲顏少爺逗腳手一擺，將來也是大功一件！

林青：我——

阿吉：來——坐！你阿舅對你這麼好，你也歹勢拒絕對嘛？來，咱好好來參詳——

△阿吉硬拉林青坐下，阿吉與顏俊說得口沫橫飛，林青卻滿臉無奈與沮喪

衆聲：（歌）李代桃僵頭一遭

林青心亂眉頭鎖

眞情遇上錯中錯
恩情兩難無奈何

△燈暗

第七場　李代桃僵

場景：高家大廳內外

人物：林青、顏俊、阿吉、僕人、高父、高母、丫環

△林青上

林青：（歌）城上斜陽向日哀，
沈園無復舊池台，
傷心橋下春波綠
更使驚鴻照影來——

△林青身穿新衣，拿起金釵哀傷端詳——

林青：（歌）高家小姐若是金釵的主人
我要如何有恩望
想到雙腳眞正重
親像昭君出塞去番邦

△阿吉與顏俊急急趕到

顏俊：林青，你實在眞敖走！目一眨你就走那麼遠？

林青：我——我可能是心神不寧——

阿吉：放心啦，顏少爺攏替你安排好了，你只要大大方方入去面試就好！

林青：我——我知影！

顏俊：邁按呢憂頭結面！要記住，本錢攏甲你開落去，替你買一身衣服花眞多錢！

阿吉：好啦，你緊入去，阮在彼邊等你的好消息——

△二人匆匆下

林青：有人還在嗎？

△佣人出

僕人：哦？你也是來比文招親？

林青：正是，煩請大哥通報——

僕人：擱一個要來漏氣——

△僕人大喊，老夫子上，僕人下

△夫子入座，示意林青入座

夫子：椅子請坐——

林青：謝座！

夫子：你叫啥名？

林青：學生林——不——顏俊！
夫子：顏俊？這名好像聽過，你可曾來過？
林青：學生不曾來過——
夫子：嗯，你可知道比文招親的規矩？
林青：學生曉得，尚望夫子賜教！
夫子：嗯，很好！你聽仔細——
（唱）山色空濛淡似煙
　　參差綠到大江邊——
夫子：你對對後半部吧——
林青：學生放肆了——
（唱）斜陽流水推蓬望
　　處處隨人上船軒。
夫子：嗯，好，你再詳細聽——
（歌）潯陽江頭夜送客
　　楓葉荻花秋日西
　　主人下馬客在船
　　舉酒欲飲管弦隨。
林青：（歌）醉不成歡黯然回

夫子：（歌）別時茫茫江浸月
忽聞水上琵琶聲
主人忘歸江似紗。
尋聲闇問彈者見
琵琶聲停欲語累
移船相近邀相見
添酒迴燈重開宴
林青：（歌）千呼萬喚始出來
猶抱琵琶半面開
轉軸撥弦三兩聲
未成曲調情意愛。
夫子：哈——眞好！現在我以大廳觀音大士爲題，你對下聯，如果對上了，就算第一關通過。
林青：學生斗膽一試。
夫子：（吟）活現女人身，不假鬚眉，能使古今稱大士——
林青：請夫子指正——
（吟）由來眞佛子，本無色相，卻從玄妙解觀音。
夫子：哈——妙！眞是絕妙，聯末上下分嵌觀音大士，可謂貼切工整，尤見禪機活潑不落俗套，恭喜你通過第一關。
林青：多謝夫子提拔——
△高父高母從內走出
夫子：員外、夫人——
高父：方才我攏已經聽到了，顏公子眞是才高八斗，而且通曉佛理？
林青：不敢，晚輩因幼時曾受佛學薰陶，略知皮毛，班門弄斧，倒叫員外夫人見笑了。
高父：你不用客氣，老夫一向尊神重道，日前曾有一師太贈吾一上聯，若你能代吾對仗完成，第二關就算你通過了。
林青：晚輩願意一試——
高父：你聽好——
（吟）音果玄妙，妙信聰明難與並，
一言如醒壺灌頂，靈機感悟愚婦俗子。
△林青喃喃朗誦，半晌終於露出微笑——
林青：有了——
（吟）佛亦稱士，莫非釋儒有同源，
千載若須臾轉瞬，慈航普渡苦海迷津。
高父：哈——妙呀，顏公子果然才思敏捷，老夫這關就算你通過了，來人——
△丫環上

丫環：老爺有何吩咐？

高父：帶顏公子至後花園，接受小姐考試——

丫環：是！顏公子請隨吾來——

△林青向三人告退——

高母：老的，我還沒加伊考試呢！

高父：耶，師公無卡敖和尚——

夫子：恭喜員外、賀喜員外，此子才思敏捷，人品極佳，將來必非池中之物。

高母：是呀！看過那麼多，就屬這個我最中意！

高父：我也是眞甲意，但是嘛愛看伊甲芳兒是不是有緣。

高母：對呀！老仔，咱趕緊隨後看邁——

△三人分別下

△燈暗

第八場　煙台重逢

場景：高家花園

人物：秋芳、小紅、丫環、林青、高父、高母、夫子

△小姐(秋芳)與小紅上

秋芳：（歌）百花齊放豔李桃
無心賞花心顛倒
雨中相逢若是錯
爲何心中親像掛銅鎖？
比文招親是絕招
如意郎君卻是萬里遙
只有舉杯夢裡邀
莫負春光樂逍遙

△丫環帶林青上，小紅迎上

△丫環向小紅耳語後，逕自下。小紅見是林青，不禁驚喜萬分，急急入內告訴秋芳

△秋芳先是欣喜，繼而躲在竹簾後的石椅上

△小紅帶林青入內，小紅又急急躲在竹簾內

小紅：小姐，是伊——是伊呢！

秋芳：是伊又如何？

小紅：唉喲，我看妳既然那麼甲意伊，不如第三關就免了，要不然——

秋芳：不許胡說！萬一他是虛有其表，那豈不是辜負爹娘對我的期待？

小紅：啊？還是要試？妳不後悔？

秋芳：閒話少說，依照規矩，妳先問伊！
小紅：好吧——（清喉）這位公子可否自報名姓？
林青：耶——在下——顏俊！
小紅：很好！你有看見桌上的沙漏，如果在沙漏滴完尚未對答者，你就自己請回吧！
林青：在下勉強一試，尚請小姐郢政——
△林青一直試圖偷看小姐，但均失敗——
林青：（歌）欲觀小姐的芳容
可是竹簾掛在上
害我目睛金金尙（看）
又驚人罵我眞正凶
秋芳：（歌）分明伊是廟內的秀才郎
當日雖貧氣度大方
才將金釵來贈送
爲何今日裝扮又不相同？
△小紅見二人各具心思，反而不耐煩——
小紅：小姐，妳是要試否？
秋芳：哦？既然如此，顏公子請聽了——
（歌）因火生煙，若不撇出終成痕——

林青：（歌）水西為酒，入能回頭便成人，

秋芳：（歌）采絲為綵，又加點綴便成文

林青：（歌）人言為信，倘無尙書乃小人。

△秋芳對林青對答如流，不禁點頭暗喜

秋芳：眞好！再來你可要聽仔細了——

（歌）寸土為寺，寺旁言詩

詩云：明日揚帆離古寺。

林青：這嘛——

小紅：（著急）你是有法度無？

林青：小姐聽了——

（歌）兩木成林，林下示禁

禁曰：斧斤以時入山林。

秋芳：你——公子高明，秋芳佩服——

△秋芳嬌羞奔入內室

小紅：小姐——

林青：小姐——唉呀——小姐生氣入內，莫非是我無意得罪了她？

小紅：唉喲！你怎麼這麼條直啦？

林青：可是小姐伊——

小紅：你不是得罪伊，伊是想要倨靠你來作伙——

△小紅急急入內，林青正想說什麼，高父高母與夫子先後而至——

高父：哈——顏公子，你眞是才高八斗，能夠在短短時間內連過三關——

林青：員外，我——

夫子：哈——到現在還在叫啥員外？顏公子，你應當改口叫岳父大人了——

林青：啊？岳父大人——？

夫子：咦？難道你忘了今仔日是來比文招親？既然你連過三關，當然就是高家的子婿了。

林青：這嘛——

△林青一臉惶恐

高母：是啦，顏公子，既然如此，你就速速回去看個日子，擇期花轎來迎娶吧！

△燈暗

第九場　將錯就錯

場景：顏家客廳

人物：顏父、顏母、顏俊、林青、阿吉

△顏父手持家法欲打顏俊

△顏母與阿吉、林青則一旁勸阻

顏父：說！這究竟是誰出的主意？
顏俊：阿爹——你不要那麼兇嘛，我今仔日會這麼做也是爲你著想——
顏父：啥？爲我著想？
顏俊：（歌）阿爸你實在無講理
四界逍遙你眞氣
現在娶妻你也懷疑
何況林青自願不是我將伊欺
顏父：果有此事？
林青：（歌）舅父寬心免操煩
爲報恩情吾自願
只要守秘無人傳
（猶豫）高小姐——會當娶轉來團圓。
顏俊：俗語講不孝有三無後爲大，我只是想要娶一個如花似玉的媳婦，要不然咱這些產業將來要乎誰人繼承？娘——妳講對不對？
顏母：俊兒說得不錯！伊按呢做嘛是爲了高家，你應當替伊歡喜——
阿吉：對！這是喜事——
顏父：（怒）你住口！這兒無你講話的餘地——
阿吉：我實在眞衰！好心乎雷吻！

顏父：你要知影，這件代誌若是乎人發覺是青兒去冒名頂替，妳叫我以後按怎做人？

顏母：現在想那麼多做啥？當務之急就是先將高家女兒娶過門，到時袸生米煮成飯，他們爲了顏面也不敢四界宣傳——

顏父：不行！這件代誌我一定要去高家說乎清楚——

顏俊：阿娘——卡緊加擋哩——

顏母：你敢？我甲你講，這件代誌由不得你，爲了俊兒——你若敢去高家，我就死乎你看！

顏父：妳——哼！惡妻孽子無法可治——

△顏父氣得拂袖入內，林青欲追又止

林青：舅父——

顏母：不要理他——青兒——

林青：舅母——

顏母：青兒，這件代誌你已經逗腳手這麼多，人家說送佛送至天，好人不如就做到底！

林青：舅母之意——？

顏母：明仔日你就代替俊兒去高家莊，大頂花轎將高家小姐娶轉來——

林青：這嘛——

（歌）此事眞是欠思量

一錯再錯心頭涼

忍辱捨情無恩望
桃花接木罪二項
未知比文應試起風波
矛盾火煎無處逃
想到恩情像拖磨
嘲弄命運是啥人的錯？

顏俊：按怎？你不答應？

林青：我——

阿吉：你愛想卡清楚，顏家對你恩重如山，難道你是忘恩負義之人？

林青：我——我不是——我只是——

顏母：你不答應？哼！虧你自認是知書達禮的讀書人，我看阮是白白米飼著督龜雞啦！

阿吉：邁甲伊講那麼多，不答應就甲伊趕出去！

林青：舅母請息怒——

顏俊：你到底要不要答應？

林青：唉——林青答應就是——

△燈暗

第十場 雷雨誤婚

場景：野外河邊連廟內

人物：林青、秋芳、小紅、媒婆、迎親隊伍、丫環

△花轎與媒婆在高家門前迎娶

△鞭炮聲不絕於耳

合唱：(歌) 喜氣洋洋結紅綵
百里厝邊大家知
比文招親頭一擺
郎才女貌眞情愛
嫁妝歸車排歸排
欲睹新人的風采
員外暗喜笑呵呵
好姻緣是天主裁

△林青著新郎倌服，矛盾地在下舞台——

林青：(歌) 一步踏出千斤重
將來如何去見人
寧可這是一場夢
望媽祖助吾渡水江

△突然天空下起雨來，雷聲霹靂——

媒婆：唉喲——落大雨了——

林青：這嘛——對了，前面有一座媽祖廟，衆人暫且前往避雨——

媒婆：離多遠？

林青：隨我來——

（歌）緊來走，伊——

伊——縱身望路緊來去——

廟宇在前——廟宇在前——

不通誤了期

小紅：（歌）緊來走——伊——

伊——縱身望路緊來走——

廟宇在前——

不通延遲

△衆人奔入廟內

媒婆：到了——公子呀，你帶小姐在內殿休息，阮大家在前殿等雨停——

林青：有勞媒婆——

△衆人退出，只剩林青、小紅和秋芳——三人各有心事，幾番欲言又止

林青：（歌）　再次相逢也是媽祖廟

只是這回有坐轎
媽祖慈顏猶原對我笑
可知我心內像火燒

秋芳：（歌）看伊眉清又目秀
不知何事在擔憂
想要與伊共承受
一陣心跳現嬌羞

小紅：（歌）看伊眉來又眼去
分明是有話要相語
小紅小漢就知道理
不如趁機會將他倆治

小紅：唉喲，你們怎麼攏不講話？

林青：這嘛——不知從何說起——

小紅：唉！難道連這種事也要我教？對了，照這種雨，我看河水若暴漲，咱要如何過河！

林青：這——實在是眞巧合——

小紅：顏公子，你是在講啥——

林青：（歌）傾盆大雨將緣份牽
林青只羨鴛鴦不羨仙

莫非這是媽祖法力無邊
再度相逢是在伊眼前

△林青點香

秋芳：（歌） 雖然媽祖氣象萬千
你我還是要有眞緣
未知何事欲問蒼天
心內琵琶弄心弦

△秋芳向小紅耳語

林青：我記得第一次咱也是因雨結緣，而這次說不定是媽祖婆有意將咱留在這兒——

小紅：奇怪呢，你好像一點攏無擔心呢——

林青：我？如果這是天意，又豈是人力可以改變，就是擔心亦於事無補。

小紅：你想要做啥？

林青：焚香祝禱，祈求媽祖保佑——

△林青引線香，小紅與秋芳隨他向媽祖拜拜

林青：（歌） 借香訴出心頭願
欲與小姐配鳳鸞
媽祖若知阮心意
望你攏解得完滿

秋芳：（歌）今日姻緣得良配
必是媽祖有仔細
裊裊清香風煙飛
銘感刻字心裡題
林青：（歌）本是人羨好鴛鴦
卻成痴人的夢想
只怪自己不成樣
一股怨恨隨爐香
△秋芳又向小紅耳語，小紅會意
小紅：顏公子，阮小姐要問你，頂回你不是說寄人籬下，爲何這回迎親能這麼派頭？
林青：這嘛——（痛苦）世事眞眞假假，假假眞眞——妳又何必在意呢？
小紅：你講按呢，誰人聽有？
林青：唉——
（吟）高閣客竟去
小園花亂飛
參差連曲陌
迢遞送斜暉。
腸斷未忍離

眼穿仍欲期
芳心向春盡
所得是沾衣。

秋芳：(喃喃)所得是沾衣？

△秋芳正想說什麼，突然另一丫環匆匆趕入

阿環：小姐——小姐——

小紅：唉喲，妳大小聲，是要驚死人？

丫環：小紅姐仔，歹勢啦，是老爺叫我來傳話的——

秋芳：啊？阮阿爹伊按怎講？

丫環：說是外面一直下雨，河水已經暴漲——

林青：啊？眞的？那按呢要按怎？

丫環：老爺講，照按呢落去，這一兩天是無法過河，所以要我來通知你先回高家——等河水退了再走——

林青：啊？

△衆人訝異的表情

△特殊燈光停在媽祖神像上

△燈暗

第十一場　夜潮驚變

場景：顏家客廳

人物：顏父、顏母、顏俊、阿吉

眾人：(唱) 傾盆大雨天註定
　　以桃代李錯姻親
　　一河之間兩地情
　　無法回程不安心

△顏俊拉著顏母上，近乎撒賴，阿吉跟隨在後

△顏父在客廳喝茶

顏俊：娘——妳要替我作主——我不知啦——

顏母：俊兒乖——阿娘會替你作主——老頭子，你怎麼不說話？別裝啞巴——

顏父：我要講啥？這一切攏是天意啦——

顏母：咦？你怎麼說這種話？
(歌) 後生和外甥你是疼叨一個
　　好心養育煞來多舉枷
　　俊兒如今要來成家
　　恩從仇報弄到會散體

顏父：(歌) 冤有頭來債有主

顏俊：（歌）林青講話無信用
只怪後生無人加扶
要講情理咱攏輸
騙來的婚姻無長久
無想咱顏家高高在上
小卒仔也敢展英雄
高家小姐乎伊抱去爽

顏父：哼！你敢講，我不敢聽——
顏母：耶？你講按呢對嗎？俊兒是咱的子兒，你按怎替別人講話？
顏父：本來就是青兒去應試，就算伊娶了高家小姐當媳婦，那也是應該——
顏俊：娘——我不管啦，林青怎麼可以無遵守約定？怎麼可以搶走我的某？
阿吉：是啦！老爺，夫人，下個雨算啥？人又不是紙糊的，雨一淋就溶去？一定是林青看高小姐美，所以藉故不回——
顏父：住口！今仔日發生這種代誌，攏是你這個人在挑撥離間！
阿吉：耶——老爺，我是一番好意。我跟顏俊大家朋友一場，要不是不忍心他娶不到媳婦，我才不願理這件事呢——
顏母：是啦，你怎麼能怪阿吉？人家這麼做也是爲俊兒好，你若怪伊，以後誰還敢再幫咱們？

顏父：我看是愈幫愈忙，你們若再胡搞下去，我看到時會惹火上身。
顏母：你——你講這啥話？好！你不幫忙就算了，你去做你的老太爺！
顏父：哼！到時袸麻煩上身，別說我無提醒妳！
△顏父忿忿入內
顏俊：阿母——阿爸伊不理我了——
顏母：氣死我了，這個老頭愈老愈倒退——
顏俊：娘——攏這麼晚了，他們若還不回來，那人家說：鴨母寮那有過暝的蚯蚓？阿娘——代誌要按怎辦才好？
顏母：半暝殺嘛得天光賣肉。緊事緩辦，阿娘會替你想辦法——
阿吉：夫人仔——
顏母：阿吉仔，你卡鬼頭鬼腦，你說說看——
阿吉：據我所知是因爲下大雨河水暴漲，娶親的隊伍才又回高家！
顏俊：是呀！要按怎？
阿吉：他們不能過河，咱當然也不能過去，唯一的方法是等明仔哉河水一退，咱即刻過河去討人，不驚林青伊起野心。
顏俊：可是——今晚伊兩人——
阿吉：要不然能怎樣？咱人沒翅膀，要不然就可以飛過河去——
顏母：唉！看來也只有如此了——

顏俊：什麼？真的要等到明天？

△燈暗——

第十二場　蕊珠春豔

場景：秋芳閨房

人物：秋芳、小紅、林青、丫環

△小紅與丫環爲喜氣洋洋的新房放置了一對喜燭——

小紅：(歌)燈影搖曳映滿紅

丫環：(歌)同拜天地與三公

小紅：(歌)妙在其中不用講

丫環：(歌)通好乎伊去洞房

△小紅與丫環又去戲弄坐在床沿的秋芳，並拉回焦急欲離開的林青，然後離去

林青：(歌)莫非這一切是註定
林青心裡反而驚
想到顏家將我成
恩將仇報心驚嚇

林青：(歌)昔日關公護兄嫂

兩人暗室共被鎖
林青正念心思無
才有面目對阮阿哥
△做在床沿的秋芳久久不見林青過來，不覺伸手撥了罩巾，只見林青急得像熱鍋上
的螞蟻，來回走著，並不時望窗外雨勢而嘆氣——
秋芳：(歌)看伊喃喃又自語
好似心頭有怨氣
既是夫妻那有分我和你
向前寬問莫延遲
秋芳：相公——
林青：啊？妳叫我？
秋芳：相公，我知影你必定是為了傾盆大雨而耽誤迎親的喜辰，但天公不作美，急也是
無濟於事——
林青：是——我曉得，只是——
秋芳：相公似乎有難言之隱？
林青：我——
秋芳：日後你我就是夫妻，有啥話不能對我講？
林青：不——咱不是夫妻——

秋芳：你講啥？
林青：哦——不——我是講咱還不是正式夫妻——
秋芳：都已經在洞房了，你還說這種話？
△秋芳羞澀的表情在燭光下顯得美麗動人。林青有點著迷，但很快又自制地——內心矛盾痛苦——
林青：（歌）意亂情迷心惶亂
明明是至愛緣變短
無緣卻有心頭患
只嘆無能將命運轉
秋芳：（歌）詩詞滿腹人人誇
反而洞房煞見外
莫非伊已經想變卦
或是路上犯了煞
林青：小姐——
秋芳：這種的感覺真奇怪又真奧妙，嫁出去的女兒竟然又回到了娘家——
林青：（尷尬）是啊！這或許攏是媽祖保庇——
秋芳：你是說——？
林青：無啦——我是講咱今仔日逗陣，這是我向媽祖許的心願，但是我也沒想到代誌會變按呢——

秋芳：你有啥通煩惱？阿爹不是攏安排眞好勢？你看在短短期間內佈置了這麼一間新房。咱不能辜負——

△秋芳欲言又止，見林青表情痛苦拿著金釵走到秋芳面前——

秋芳：你——這是——？

林青：感謝小姐贈送金釵之情，我——請小姐收回——

秋芳：難道你無甲意？

林青：這嘛——

（歌）贈送鳳釵佳人情

恩情無法還加清

心中隱情難說明

只有忍痛將釵還

秋芳：（歌）你我已經是夫妻

贈釵之事何用提

兩人此後共棉被

莫非棄嫌將伊送回？

林青：我豈敢有棄嫌之理，只是我堂堂七尺之軀，手握金釵豈不留人話柄——

秋芳：既然如此，他日再贈送相公他物——

林青：不用——哦——我是講——以後再說——
秋芳：（困惑）既然如此相公作主就是，對了！夜色已深，相公何不早日安歇——
林青：妳先睡吧！我——還想看點書——
△秋芳雖困惑，但還是溫馴地坐在床沿——
林青：這——罷了！林青啊！林青，你何德何能？豈能匹配高家小姐？罷了！為明心志，
只有請媽祖婆替我見證——
△林青解下身上的香火放在桌上，然後拿起書本閱讀
△林青緩緩打瞌睡時，遠處已傳來雞鳴聲
衆聲：（歌）遠遠傳來雞公啼
千金難買洞房暝
紅字貼壁寫雙喜
一夜無語誤佳期
△小紅手持燈燭，至門前輕敲新房——
小紅：姑爺——小姐請開門，小紅來討賞了——
△敲了老半天沒人應門，小紅嘗試推門，沒想到門沒栓
小紅：咦？門無鎖？
△小紅入內見小姐坐在床沿打瞌睡，而林青則倚在桌旁打瞌睡，兩人均著昨天的
禮服

△小紅上前推小姐，秋芳驚醒——

小紅：唉喲！小姐，難道你們昨暝就這樣坐到天光？

秋芳：這嘛——

△此時林青也醒了，他惶恐地靠近窗子——

林青：耶，雨停了——雨停了——

小紅：奇怪？那有人看到雨停還那麼高興的？

林青：小紅，你快去叫老爺安排，我——要趕快回去——

小紅：啊？你講啥？

林青：哦——我是講我和花轎要趕緊轉去——

小紅：小姐——

秋芳：小紅，妳就照姑爺的指示去做——

小紅：是——

△小紅下

△秋芳發現桌上的香火

秋芳：咦？這是啥？

林青：媽祖婆的香火——是我自小漢掛在身上。

△秋芳柔情地爲林青掛上香火

秋芳：既然是那麼重要的物件，一定愛隨身掛著，要不等一下若忘了，那豈不是不敬——

——

△林青忘情地牽起她的手，但很快又羞澀地分開了

△燈暗

第十三場　河邊風雲

場景：河邊

人物：小紅、秋芳、林青、媒婆、迎親隊伍、顏俊、阿吉、打手二人、縣官、捕快若干

△鑼鼓聲中，迎親隊伍來到河邊

△小紅牽新娘出轎

小紅：小姐，咱要過河了——

△秋芳走出轎子，見渡河口正是當日與林青邂逅之地，不免泛起一絲幸福的微笑——

秋芳：（歌）河水幽幽兩樣情
淵源流長夫妻行

林青：（歌）匆匆趕路不敢停
心頭重石腳手如冰

△林青故意逃避秋芳的目光，急急向河上大聲呼喚——

林青：喂——船頭家——阮要渡河——

△河的對岸果然緩緩駛來一渡船，船一靠岸，原來是阿吉和顏俊帶了兩名壯丁，手持木棍刀槍來勢洶洶地跳上岸

林青：啊？是你們？

顏俊：哼！你眞好大膽，吃碗內洗碗外，來人呀！給我打！

△兩名壯丁圍住並毆打林青，迎親隊伍嚇得各自逃命

△顏俊與阿吉緩緩接近秋芳和小紅——

小紅：喂，你們想做啥？

顏俊：嘿——我的新娘——果然美若天仙——

阿吉：是呀！大仔，這另外一個就留給我啦——

顏俊：你講啥？你豬屎籃也要甲人結紅綵？你免想！這兩個我全包了！

秋芳：原來你們是山賊？

顏俊：山賊？

秋芳：我求你們不要打他了，你們要錢，我的嫁妝可以全部乎你！

顏俊：嘿——得到妳的人，嫁妝還不都是我的——

小紅：小姐，咱緊走——

顏俊：走哪裡去？

△顏俊上前攔路，秋芳跌倒

秋芳：救人呀——
顏俊：喊呀！喊破喉嚨也沒人來救妳——
△捕快上
捕快：住手——大膽狂徒，青天白日之下也敢行兇欺壓婦女？
阿吉：咦？你這身打扮我親像在哪兒見過？
捕快：豈不識縣衙捕頭丁一？
顏俊：啊？捕頭？
△此時縣官隨後趕到，林青急急扶起秋芳
林青：小姐，妳有要緊無？
顏俊：喂！你怎麼可以牽伊的手？
縣官：來人！將這干人全部帶回縣衙，待本官開庭審問。
捕快：是！
△燈暗

第十四場　合璧聯珠

場景：公堂
人物：縣官、林青、小紅、秋芳、顏父、顏母、高父、高母、媒婆、顏俊、阿吉、捕快

若干

OS：升堂——

△擂鼓聲中縣官坐在公堂，手握驚堂木用力一拍，威武聲四起，好不嚇人——

縣官：帶一干人犯——

△捕快接令，引導衆人上堂跪下

衆人：大人呀——冤枉——

縣官：此事透著曲折，我命令衆人老實招來，否則難逃行刑之苦。

衆人：大人開恩——

縣官：我再問一次，誰是顏俊？

衆人：他——

△只見高父、高母、小紅和秋芳指向林青——

△而顏父、顏母、阿吉均指向顏俊

縣官：這——這到底怎麼一回事？

顏俊：大人呀！我是貨眞價實的顏俊，你要是不相信，可以問豔春樓的豔紅、昭君——

縣官：大膽刁民，竟敢在公堂上胡言亂語——

顏母：大人息怒，阮子爲了證明伊是顏俊所以情急之下口無遮攔，你邁見怪——

縣官：這筆帳待會兒再算！我問你，如果伊是顏俊，那另外一個又是誰？

顏父：啓稟大人，伊是小民的外甥叫林青——

縣官：你叫林青？
林青：生員正是！
縣官：你既是出身秀才，理應知書達禮，爲何冒人名諱弄得如此狼狽？
林青：大人呀——
（歌）林青絕非登徒子
熟識小姐在船舟
爲報恩情塡煩憂
李代桃僵去高家求
秋芳：什麼？原來是按呢？難道你對我——？
（歌）既然無情爲何又惹風浪
比文應試不應當
若是眞心應坦白講
不應戲弄女紅妝
林青：（歌）林青絕無虛情甲假意
心不由主將妳欺
多謝小姐的雅意
只望妳原諒我糊塗一時
秋芳：（歌）相公若是眞情理

秋芳不願與你離
一切攏總是緣機
豈有洞房了後不認妻兒？
顏俊：好了啦！林青！你敢對我的某講這種話？
小紅：你才不要臉呢！阮小姐什麼時袸變成你的某？伊愛的是伊啦——
顏俊：可是高家莊的人攏知影，高小姐許配乎顏俊。
林青：但應試通過三關的人都是我——
阿吉：但是這個計策是我想的——
縣官：好了！你們統統住口！
△威武聲又起
縣官：這兒又不是菜市場，在這兒大小聲，你們眼中還有我這個縣太爺？
高父：縣太爺，這一切攏是小民之錯，要不是爲了替女兒招婿而想出這比文招親，今日
也不會鬧出如此的糾紛——
高母：就是呀！縣老爺，你要開恩呀！
縣官：比文招親，嗯，這眞趣味！
(唱) 此事曲中有透奇
一女怎可坐雙椅
莫非是考我的腦智

待吾思慮將計施。

△縣官似乎想到什麼點子，突然一拍堂木——

縣官：有了！此事既是比文招親所引起，倒不如用同樣的方法來解決。

高父：大人之意——？

縣官：你們聽好了，我現在出個上聯，若能對上者，高家小姐就是伊的某了——

△衆人大駭，尤其秋芳更是焦慮不已——

△縣官望著公堂上的鏡鼓，不禁得意——

縣官：嘿！有了！你們注意聽來：「鐘聲磬聲鼓聲，聲聲自在！」顏俊，你先對！

顏俊：我？

△顏俊求援地望著父母，但無人能助他

縣官：那有人想那麼久？快對呀！

顏俊：這——好！我對！——「酒聲、拳聲、女聲，聲聲悅耳！」

△衆人大笑

縣官：哼！胡鬧！林青！

林青：是！生員倒有一對——「山色、水色、物色，色色皆空。」

縣官：妙呀！妙！對得好！對得妙！衆人聽著！高秋芳比文招親之事，眞是陰錯陽差，錯綜複雜，幸遇本官清明，明鏡高懸。特判高秋芳許配林青，雙方不得再有異議！

顏俊：啊？娘，不公平！按呢無公平啦——

縣官：哼！大膽顏俊、阿吉，貪圖女人姿色，竟以瞞天過海、李代桃僵之法，意圖騙婚，代念你爹平時資助林青，將功折罪，但應略具懲罰。

阿吉：啊？還要處罰？

縣官：來人，將伊兩人押下各打四十大板，退堂——

△威武聲起

△顏俊與阿吉被按下打大板，哀聲不絕

△林青與秋芳手牽手，兩家父母均點頭稱慶，縣官向新人祝賀——

眾唱：(一) 比文招親一奇事，處心積慮滿盤輸。
書香門第迎佳女，風侶蕭韶一明珠。
(二) 六禮既周成好夢，五更鸞鳳紅繡房。
詩詞滿腹嫁好尪，美事流傳萬年冬。

△燈暗

△全劇終

再生緣

再生緣

人物表

林 青
高秋芳
小 紅
顏 俊
阿 吉
阿 坤
縣 官
宰 相
夫 人
小 菱（丫環）
另丫環一名
捕快及迎親路人若干

場景表

顏家客廳
林青洞房
河邊野外連媽祖廟
宰相客廳
公堂
街景

序場

△幕起時，黝黑的天際呈現萬丈光芒。燦爛的雲朵照耀大地。

△雲端上若隱若現的宮殿金碧輝煌。媽祖的神像威嚴而自在地俯視大地，像慈母般關愛著大地生靈。

合聲：（歌）天下有山皆伯仲
媽祖神靈坐廟中
大慈大悲蔭大眾
善惡分明現慈祥

第一場　迎親拜堂

場景：野外連顏家客廳

人物：林青、秋芳、小紅、顏父、顏母、縣官、顏俊、阿吉、迎親隊伍

△承序場的合聲與文武場

△音樂節奏是充滿喜悅、快樂的調性

△迎親隊伍浩浩蕩蕩前來——

林青：（唱）青山不語笑人忙
豈識桃李迎春風

秋芳：（唱）比文招親一才郎
贏得嬌美女紅妝
白雲流水荷花香
鳳冠霞被紅絲絨
良人才子又謙恭
相夫教子遵三從
小紅：（唱）迎親鑼鼓喜洋洋
花轎紅綵添吉祥
金釵紅花插頭上
百年佳偶日舒長
△布景與場景迅速轉換
△林青與小紅扶秋芳入大廳，縣官與顏父顏母早已上位等候。顏父樂不攏口，顏母則一臉不悅。
△林青與秋芳上前拜見——
林青：母舅、母妗——林青往高家娶親回來了——
顏父：哈……眞好！眞好！快扶新娘入洞房——
小紅：是——
△小紅扶秋芳下

顏父：這回若不是縣老爺明察秋毫、公正不偏，恐怕要辜負青兒你一段好姻緣了——

△顏母冷哼不悅。

林青：是啦——生員在此向縣老爺叩謝！

縣官：耶——（扶起林青）何謝之有？棄惡揚善乃是本官職責，而且能夠公堂比文判案，乃人生一大快事！

林青：林青冒犯之處，尙望海涵——

縣官：你不用客氣！林公子能娶得如此多情的才女，眞是令人稱羨，本官有一對對聯相贈，以爲祝賀之意！

林青：感謝大人——

縣官：（唱）靖節門前調馬地
富春江上釣魚磯
愛入名山常著屐
已過滄海便收魚

林青：（唱）關塞極天孤雁過
池塘有水一龍鎖
世外自來榮辱少
人間到底是非多！

縣官：哈……好一個人間到底是非多。林公子眞是才思過人，日後必成大器！

林青：望大人指正——

縣官：客套了！本官尙有公事待辦，就此告辭了——

顏父：大人不留下來喝杯喜酒？

縣官：日後再來叨擾，告辭——

△衆人送縣官及捕快下——

△顏父與林青回廳發現顏母依然寒著臉坐在太師椅上。

顏父：今日是青兒大喜之日，妳嘛卡好笑神咧！

顏母：我怎麼笑得出來？本來新郎應當是咱俊兒，現在某娶無到，擱害俊兒乎人拍四十大板——

顏父：哼！這叫做自作孽不可活！若不是縣老爺寬宏大量，不是拍四十大板，應當是剁成四十大塊！

顏母：唉喲——你講這種話？好像俊兒不是你生的——

林青：母妗，這一切攏是林青的不是！

顏母：你邁「假好雞」！

△顏俊與阿吉從右舞台上，因屁股紅腫，走路怪異——

顏俊：無公平！無天理啦——

顏母：俊兒呀！我一個乖子——

顏俊：母呀！彼個縣老爺實在眞可惡，加我摃四十大板無要緊，擱叫我和阿吉仔要將新娘擯入門，我現在會呼雞不吹火了——

阿吉：我才衰哩！無賺湯也無賺粒，惹加一身全罪業！

顏父：(怒)住口！

顏俊：阿母仔，爸仔擱要加人罵！

顏父：哼！若不是你們兩個畜生，比文招親一事豈會惹成風波？

林青：母舅請息怒。此事林青也有不是，若不是我一時失了主意，也不會連累表兄——

顏俊：你若會曉按呢講尚好，高家小姐就讓乎我，按呢我就不會加你見怪——

林青：這——

顏父：畜生！再敢胡言亂說，我饒你不得！

△顏父作勢欲打，顏俊、阿吉躲入顏母身後——

顏母：哼！要打，我乎你打啦——

顏父：哼！惡妻孽子無法可治——青兒，今日乃是你小登科之時，前廳之事不用你費神，你就入房陪你的新婦吧！

林青：既是如此，林青告退了——

△林青從左舞台下

顏俊：哇——母呀！林青伊要入去了，我的「水姑娘」去了啦——

△顏俊傷心耍賴

顏母：老的！兒子是你的，難道你都不想替他想個辦法？

顏父：哼！這是他自取的，若不是平時嫖賭飲件件皆能，方圓百里之內的閨女才不肯嫁伊！

顏俊：好！無人要嫁我，無要緊，我還有豔紅和昭君——阿吉仔！咱擱來去「黑美人」——

顏父：畜生！子不打不成器，今日不教訓你，你不知天地幾斤重——

△顏父取家法欲打顏俊，衆人在客廳追逐閃躲——

△燈暗

第二場 洞房情深

場景：林青臥室內外

人物：小紅、丫環、林青、秋芳、顏俊、阿吉

△小紅與丫環整理新房妥當之後，林青正好從外入內

△小紅向坐在床沿的秋芳耳語後，笑著向林青萬福致意，隨後離去——

△林青環視四周，不禁長嘆，百感交集

林青：（唱）鸞鳳管教春幾許
鴛鴦休問夜紅喜
蕊珠花豔燭雙副

總是媽祖現玄機

△林青取下媽祖香火供奉五斗櫃上，然後走到床沿欲揭頭蓋巾，秋芳卻伸手制止他

秋芳：請慢——

林青：娘子，妳……慢從何來？

秋芳：（歌）一波三折將我娶入門，
明明是折磨我這女釵裙
欲掀頭巾你愛答詩文
對仗工整我才會恩准

林青：娘子，妳……也罷。娘子，聽了——
（歌）東飛伯勞西飛燕，
黃姑織女時相見。
三春已暮花從風，
窈窕仙女無雙顏。

秋芳：（唱）牛郎織女年年會，
卻是一年才會作伙，
月裡嫦娥桂宮客，
應悔偷丹不能回。

林青：（唱）春樓難守玉階空，
歸燕銜泥繞曲房，
綺幕雕樑映西窗，
蘭膏涼夜對繁霜。

△秋芳似乎滿意了，她含羞地低頭——

△受了提示的林青，這才拿起秤桿，輕輕挑起頭巾。

林青：娘子——

秋芳：相公——

△在新的環境下，兩人均有著新奇的情愫與悸動

△秋芳起身環視四周

秋芳：看來你母舅待你不薄，這次的婚禮也替你辦得眞風光——

林青：母舅一向將我當作親生子，表兄之事我實在內心難安呀！

秋芳：相公可知問題出在何處？那是你一直寄人籬下，很多事無法做主的原因。

林青：我豈有不知之理？只是有心科舉，但卻家無恆產、身無分文——

秋芳：只要相公有上進之心，盤纏之事你不用費心，我自會打點——

林青：這——
（唱）兩袖清風父母喪
寄人籬下愧難當

秋芳：(唱) 山有高低水有浪
貧富只是運不同

林青：(唱) 婚諧鳳配好姻親
出外豈不負佳人

秋芳：(唱) 男兒志高列三公
才不枉費秀才郎

△此時阿吉正好經過，偷聽二人談話

林青：既是如此，這回科期將近，我就近日動身，只是新婚佳期，恐辜負娘子——

秋芳：相公何說此言？男子漢大丈夫應以前途爲重，豈能沉溺在兒女私情？

林青：娘子教訓得是——

△阿吉匆匆離去

秋芳：夜深了，想必相公也累了——

林青：是啦，娘子，一同安歇吧——

△林青與秋芳上床

△阿吉帶醉醺醺的顏俊從右舞台上

顏俊：(唱或唸) 八音方吹奏歸暝
飲酒已經過三更

阿吉：(歌或唸) 飲酒傷心實不智

顏俊：（唱或唸）醉死無人會哭啼

想到林青我就氣

強佔秋芳啥道理？

阿吉：（唱或唸）我是專程報玄機

絕對乎你看好戲

△顏俊幾乎倒地，阿吉扶著他

阿吉：俊兄——你邁漏氣，喝無幾罐就軟腳？

顏俊：燒酒若會解人的憂愁，世間哪有失戀的理由？

阿吉：按呢就失戀？講實在的，你厝有錢有勢，乾脆叫你阿母去買一個美姑娘乎你做某，

按呢代誌不就全解決了？

顏俊：我無愛！你看我的「尪仔頭」甘有輸林青？

阿吉：（端詳）目睛、鼻仔、目眉、耳仔、嘴……和林青攏共款！

顏俊：對呀！啊是按怎，彼個高家小姐不愛我，偏偏愛林青？

阿吉：這……就是呀！那是高秋芳不識貨！我相信不要多久她一定會後悔！

顏俊：後悔有啥路用？伊若做「阿嬤」才後悔，我牙齒全掉光了——

阿吉：唉！人家他們兩人是比文招親，縣老爺作媒促成的姻緣，人家在吃米粉，咱只能

喊燒——

△顏俊正經八百抓住阿吉

顏俊：阿吉，我平時待你如何？
阿吉：那還用說，吃喝全看你的！
顏俊：過去你替我辦很多漏氣的事，我可以不計較，但是這回你若有辦法將秋芳變成我的某，我顏家的財產以後分一半乎你！
阿吉：嘿……俊兄，不用這樣啦！既然你對高秋芳一片痴情，我只好擱想辦法，但是——
顏俊：你不相信，咱可以打契約，順煞來去法院公證！
阿吉：啊——有影無？
——
顏俊：按怎？還有啥條件？
阿吉：人家說同行不如同命——你吃粒也得乎我喝湯，你若得到秋芳，她身邊的查某干小紅要送我呢！
顏俊：好啦！就這麼決定，你有啥辦法快說！
阿吉：我剛才經過新娘房面前，聽到林青在說，這幾天伊就要去上京赴考！
顏俊：啊——林青要上京去赴考？
阿吉：對！這正是咱的好機會——
△阿吉向顏俊耳語
△燈緩緩暗——
衆人：（唱）禍福無門人自招

月影輕移綠芭蕉
心如利劍意如矛
靜海又再生波潮

第三場 碧河殺機

場景：河邊
人物：林青、秋芳、小紅、顏父、顏母、阿吉、顏俊、阿坤
△林青身揹包袱雨傘，秋芳、小紅、顏父、顏母、阿吉、顏俊均來送行
林青：（唱）五里亭外桃李豔
馬蹄音落愁容添
六神無主不知閃
心頭猶如中刀劍
秋芳：（唱）高鳥游魚天宇闊
青松冠巖耐霜刮
祝阮相公若考煞
成就功名人人誇
△顏俊見兩人難捨難分，不免有些醋意

顏俊：好了啦，騙人家沒娶過某？要去上京赴考也不是啥大不了，何況林青若不在，也還有我照顧妳！

△林青、秋芳尷尬。顏父大怒

顏父：俊兒，你胡說什麼？

顏俊：我哪有黑白講，我是表兄呢！照顧自己的弟婦仔哪有不對？

顏母：是啊！老仔，你也不要講無兩三句就罵咱子，好好人會乎你罵到變「督龜雞」！

顏俊：就是呀，阿爸攏罵我乎別人看！

顏父：哼！(轉對林青)青兒，此番上京赴考，一路要自己保重，阿舅這有一點盤纏，你就收下——

林青：我平常受母舅栽培，豈敢再勞煩母舅——

秋芳：是啦，何況相公的路費我已經替伊安排好了，母舅的一番好意，阮夫妻心領了——

——

顏父：這——

顏母：對啦，秋芳仔嫁妝那麼多，「私傢」飽飽飽，你又何必那麼雞婆？

顏父：青兒是我一手帶大，第一次出遠門，我總是不放心，銀兩多帶總是心安——

阿吉：對，要被搶也比較「大督」！

顏父：你講啥？

阿吉：無啦——我啥攏無講——

顏父：青兒，你就收下吧！

林青：既是母舅雅意，林青恭敬不如從命——

△林青收下一包銀子，秋芳上前爲林青掛上香火

秋芳：相公不要忘了你隨身的媽祖香火，希望媽祖神靈，保佑你一路平安，順利高中。

林青：多謝娘子——母舅、母妗，林青不在，秋芳就麻煩你們多多照顧——

顏俊：你放心，免你交待，我保證你若可以回來，秋芳一定還是活跳跳——

小紅：你黑白講啥——姑爺，你放心，有我小紅在，我保證那些瘋狗別想吃豬肝骨——

△此時船夫阿坤划船靠近——

林青：既是如此，林青就此告別——

秋芳：奉送相公啓程——

△林青上船，雙方揮手，船兒漸遠——

衆人：（合唱）欲成俠骨須求劍

雖知前途步艱險

功名難得如海針

百鍊甄陶詞章添。

秋芳：相公——

顏俊：好了啦，船都不見了。來，我娶你返來，我會加妳照顧，我來加妳牽——

△秋芳摔開顏俊的手，與小紅先行離去。

顏俊：咦？火氣那麼大，好像「氣蔡雞母」——

顏父：哼！你是自己捧屎，自己抹面！

顏母：耶，老仔呀——

△顏母見顏父生氣，亦尾隨而去

顏俊：(不服氣)哼！恁攏看貓的無點，我就偏偏做乎你看！阿吉仔——

阿吉：我在這兒——

顏俊：代誌進行了如何？

阿吉：一切按照計劃進行，眞妥當！

顏俊：哼！這是伊逼我的，「牛無牽過溪，屎尿不願放」。走！咱返來去等好消息——

△顏俊與阿吉下

xxx　　xxx

△阿坤搖船又從右上舞台上

衆人：(合唱)　浩蕩河水順船尾
藹藹春風對面吹
豈知禍事隨身隊
壯志未酬一文魁

△船在舞台中央停下

林青：咦……船頭家，爲何在江中停船？

阿坤：再來的河水眞「蔡流」，所以我要丟些東西到河中——

林青：你是要減輕重量？

阿坤：你眞聰明——

林青：可是船上除了我，並無其他的物件……難道你——

△阿坤步步進逼，林青看出他的企圖——

阿坤：沒錯，我要丟的物件就是你——

林青：船頭家，咱昔日無冤、近日無仇，你是何道理要害我呢？

阿坤：歹勢，拿人錢財，替人消災，只怪你生不逢時，我送你去見閻羅，你不通見怪——

△兩人在船上掙扎拉扯，阿坤正好扯下林青身上的香火——

林青：啊，我的香火……我的香火還我——

阿坤：死到臨頭，還顧啥香火——

△林青撲上來，與阿坤拉扯，兩人激烈動作使船搖晃起來——

△阿坤用力，林青腳下一軟，噗通落水——

林青：啊——

阿坤：(喘)林青已經落水，河水這麼深，要活命比登天還難。任務達成，拿香火返去領賞。

△燈暗——

第四場　連環詭計

場景：顏家大廳

人物：顏俊、阿吉、阿坤、小紅、秋芳、顏父、顏母

△顏俊、阿吉一前一後從右舞台上

顏俊：（唱）怡紅院內溫柔鄉
美女個個眞順從

阿吉：（唱）有錢講你蓋高尙
無錢面就裝眞兇。

△兩人入廳就座

△阿坤快步從右舞台上，直衝入大廳

阿坤：（大聲）好消息，代誌成功了，我已經將——

△顏俊上前摀住阿坤的嘴

顏俊：哭餓呀，卡細聲哩啦！

阿坤：我一時煞去乎忘記哩，（小聲）我已經將林青——

阿吉：唉喲，太小聲啦！誰人聽有？

阿坤：我——

顏俊：代誌辦了按怎？像跟你愛人講話輕聲細語就行！

阿坤：好，我已經將林青推了江中——

顏俊：眞的？
阿坤：絕無虛言，你看！這是伊的香火——
△顏俊接過，嘿嘿冷笑——
顏俊：林青呀！林青，你搶我的某，終歸尾，你還是只剩這個香火——
阿吉：按呢好！第一步計劃成功，俊兒，咱要繼續進行第二步的工作！
顏俊：這還用你說？阿坤，還站在那兒做啥？趕緊去辦代誌呀！
阿坤：顏少爺，人說：有吃有行氣；有燒香有保庇——
顏俊：這我知啦，何必你教？
阿吉：顏兄，阿坤是要——
△阿吉向顏俊耳語，顏俊恍然——
顏俊：哦，要「所費」？簡單，這先拿去花，代誌若完成，我重重有賞——
阿坤：多謝顏少爺——
△阿坤接過，匆匆離去，正好與顏父顏母相遇，阿坤心虛地離去——
△顏父母入內就座
顏俊：爸、母仔，你們去外面燒香返來？
顏母：是呀！我去祈求媽祖，保佑你能夠早日娶一個賢慧的媳婦——
顏俊：哇，媽祖眞聖！
顏母：啊？俊兒，莫非你……？

顏俊：無啦！我意思是講，媽祖的保庇，我的願望很快就會達成了——

顏父：你若繼續與那批酒肉朋友花天酒地，就算媽祖顯聖伊也愛莫能助！

顏俊：我現在攏做好子，以前每天去酒樓，現在改一三五才去——不信你問阿吉仔——

阿吉：（尷尬）這……對啦……慢慢連一三五也要改掉——

顏父：哼！剛才彼個人眞面熟，伊來做啥？

顏俊：耶……這……伊招我去飲酒——

顏父：什麼？

阿吉：不是啦！招阮參加飲酒賞菊吟詩大會啦——

△此時秋芳與小紅從內走出

秋芳：母舅、母妗萬福——

小紅：小紅見過老爺、夫人——

顏父：秋芳，妳不在繡房，來到大廳，莫非有事商量？

小紅：老爺，阮小姐伊——

秋芳：小紅，不可魯莽——

（唱）客有異思書借讀
佳卉分栽豈是福
憶起娘家親成族
惶恐不安魂墜谷。

顏父：嗯，原來如此——

秋芳：是——自從相公上京赴考，秋芳雖然吃穿無慮，但思親甚切，所以——

顏母：我知啦，妳一定埋怨阮顏家苦毒妳，所以妳是想要回高家對嗎？

小紅：夫人，代誌不是這樣。阮小姐要回高家探親，一者探望員外夫人，二者將相公上京比試之事告知。

顏母：反正阮厝俖就是住不著啦。人家說：娶媳婦是房內紅；嫁查某子是房內空，阮煞「顛倒柄」——

顏父：夫人何說此言？親戚來往乃是常事，何況秋芳是回去探望自己雙親——

秋芳：母舅母妗若是不准，秋芳也不敢造次——

顏父：耶！芳兒，老夫豈有不准之理，只是……妳們二個女流之輩，我實在放心不下——

顏俊：阿爸——這你放心，我早就答應林青要照顧秋芳，伊若是要返去後頭，我可以保護伊二人返去！

小紅：那可不必，誰人不知你心內在想啥？

秋芳：小紅，不得無禮——

顏俊：對呀！我是一片的好意。咱現在是親成，難道妳對我還不放心？何況我也可以順煞去收租！

秋芳：表兄請勿見怪，小紅有口無心！只是返去高家莊也沒多遠，實在不敢勞煩——

阿吉：耶，這就是妳的不是！過去大家是有點誤會，但那是三千年前的狗屎，邁擱拾起來講！俊兄的誠意，你若拒絕就是失禮！

秋芳：這……此事由母舅做主就是！

顏父：好！既然俊兒有心上進，秋芳就交你護送回高家莊。若是有了閃失，你就不用再踏入咱大門一步！

顏俊：這你放心！這二個美姑娘交乎我，我絕對不會乎伊缺角。

顏父：還有收租之事不得有誤！

顏母：唉喲！自己的子也那麼不信任？人總是要吃飯呀！就是花點錢也不爲過——

顏俊：還是阿娘最了解我——

顏父：唉！妳如此寵子，將來你會吃到苦湯！芳兒，妳若感到不方便，可以單獨成行——

秋芳：既是母舅主意，秋芳焉有不遵之理。

顏俊：按呢好！秋芳呀，說走就走——阿吉仔！

阿吉：在這——

顏俊：準備妥當了後，即刻起程——

△燈暗

第五場 絕地逢生

場景：宰相府大廳

人物：林青、丫環（小菱）、相國、夫人

△承上一場的音樂

△燈亮時，林青從床上醒來

林青：（唱）茫呀茫耶——

眼前一黑到陰司

渾身似冰步難移

呼聲吶喊惶恐起

莫非林青魂斷時

林青：（唱）眼前一亮卻更疑

爲何不見閻羅伊

滿堂幽香書卷氣

似曾相識起恐意

△丫環入內見林青醒來，林青早已抓住她

林青：這位姐姐，請問這是啥所在？

丫環：這是相府呀！

林青：啊？相府？

△相國與夫人正好從外入內

丫環：是呀！是阮相爺的船經過，才把你從江中救起……啊？參見相爺、夫人——

相國：妳退下去吧！

丫環：是——

△丫環入內

林青：原來面前正是恩公，請受晚生一拜——

相國：（扶起）免禮，看你一表人材，相貌堂堂，何以會落水受難呢？

林青：晚生是……（語塞）晚生一時想不起來——

夫人：哦？那你是何方人氏、什麼名姓？

林青：我……

（唱）　是啥名姓我煞啞口無言

眼前茫茫全是煙

腦中空白似隱似現

好似斷線風吹飛上天

△相國與夫人望著林青著急的樣子，不禁困惑。

相國：難道你連自己的姓名也都忘卻了嗎？

林青：我腦中一片空白，什麼都想不起來了——

相國：這就奇了……那我再問你，你爲何落江漂浮？莫非你是被人加害？或者厭世自盡？

林青：這……
（唱）如墜五里雲霧中
不識柳風路幾重
可比隔年梅花香
卻已高枝落地上
林青：（唱）忘卻名姓亂了心田
爲何落水一片茫然
眞假似幻飄過眼前
親像琵琶斷了琴弦
△相國見林青談吐不俗，起了愛才之心。夫人見了豈有不知之理？
夫人：老爺，此兒談吐不俗，出口成章，必是書香後代，只是一時失去記憶。
相國：夫人說得沒錯！說不定這是上天安排的良機——
夫人：老爺之意是……？
相國：妳我前日往到媽祖廟焚香禱告，祈求媽祖賜咱一子半女，媽祖籤中出示：嗟子從來未得時，今年星運頗相宜，營求動作都如意，和合婚姻誕貴兒——
夫人：老爺，你我都已如此歲數，難道你還相信？
相國：如何不信？此子忘卻過去，猶如初生嬰兒，妳講伊是不是應驗了籤中的貴兒？
夫人：（望林青，點頭讚賞）老爺說得不錯！只是咱一廂情願，不知人家肯不肯？

相國：無妨，待吾向前探問就是……（轉向林青）公子——

林青：老爺——

相國：看來過去之事你已經全然忘卻了——？

林青：過去猶如一張白紙，愈想頭愈痛——

相國：既然如此，不如你就暫時住下——

林青：這……素昧平生，救命之恩尚未圖報，怎敢再度打擾？

相國：外人自然是打擾，但若是自己人就不是打擾了——

林青：自己人？

相國：你若是無棄嫌，老夫想收你爲義子——

林青：這——

夫人：難道你不願意？

林青：在下現在身無分文，寸步難行，老爺夫人如此抬愛，在下豈有不願之理，只是——

夫人：既然願意，那還猶豫什麼？

林青：（跪下）爹娘在上，請受孩兒一拜——

相國：哈……妙……對了！你既忘卻名姓，不如你就與我同姓羅，名喚玉堂。

林青：羅玉堂？我叫羅玉堂？

相國：此乃暫時稱謂，等你若想起過去，再恢復本名就是。

林青：多謝爹娘——
相國：堂兒，看你滿腹經綸，才思敏捷。最近科期將近，不如你就在東廂苦讀，若是能
金榜題名，老夫也算喜上加喜——
林青：孩兒遵命就是——
相國：按呢好，我和夫人要入內休息，小菱會替你安排——小菱何在——
小菱：來了——
△小菱從右舞台上
小菱：參見老爺夫人——
相國：小菱，伊叫羅玉堂，是我的義子，妳帶伊去東廂房安歇吧！
小菱：遵命——
△相國與夫人從右舞台下
小菱：參見少爺——我叫小菱——請隨我來——
林青：小菱——？且慢——這是——？
△林青發現大廳邊供奉的媽祖神像
小菱：這是阮老爺夫人供奉的媽祖——
林青：媽祖？
△林青訝異的表情
△燈暗

第六場　古廟陰謀

場景：媽祖廟連河上

人物：秋芳、小紅、阿坤、顏俊、阿吉

△燈亮時，顏俊、阿吉陸續上場

阿吉：講要返去探親也去了，要返來就返來，還來這媽祖廟做啥？

顏俊：你靜靜，要做啥就乎伊做啥！相信伊絕對逃不出我的手掌心——

△秋芳與小紅陸續上場

小紅：小姐，大殿到了——

秋芳：表兄——我想要私下向媽祖還願祝禱，能否請恁至前殿等我？

顏俊：可以呀！妳講啥攏可以。阿吉！你還站在這兒做啥？你無聽到秋芳姑娘按怎講？
走啦——

阿吉：我實在有夠衰，按呢也乎人罵？

△阿吉隨顏俊走出

秋芳：小紅，準備點香朝拜——

小紅：是——

秋芳：（唱）　三支清香表心語
叩謝媽祖紅娘意
廟中熟識郎君伊

小紅：（歌）十里蓮花開並蒂
比文招親好姻緣
只羨鴛鴦不羨仙
助君封侯意志堅
神助姻緣億萬年
秋芳：（歌）暮雲千樹有孤舟
寒山一溪卻無君
樹深芳心亂紛紛
山靜笑阮女釵裙
△小紅將香插在爐中
小紅：小姐，妳是不是向媽祖祈求，保佑姑爺早日高中回來？
秋芳：死丫頭，不可胡猜——
小紅：妳們現在已經是夫妻了，又有啥歹勢呢？
秋芳：坦白講，我現在反而有點後悔叫伊上京赴考——
小紅：哦，我知啦！新婚沒多久就乎妳守空房，虛度時日對嗎？
秋芳：小紅，再胡說我可要處罰妳了——
小紅：好啦！我邁擱講呀啦，小姐，這兩日妳好似心事重重——
秋芳：自從相公出門了後，不知何故，無時無刻我攏心驚肉跳——

小紅：那會按呢？一定是想娘家否？
秋芳：昨晚我也夢見相公返來，不過不知按怎，我一直加叫，伊就是不應我，我擔心——
小紅：小姐，妳一定是思念姑爺過度，人家說，日有所思，夜有所夢——
秋芳：其實相公就算是名落孫山，只要能夠明安返來，我就心滿意足了——
△此時顏俊與阿吉入內
顏俊：秋芳呀，到底是拜好了沒？我在前殿已經睏一覺了。
小紅：你是在趕啥？若拜煞自然就會回去呀！
阿吉：不是按呢啦！外面黑陰天，若落大雨，溪水擱漲起來，咱煞免返去——
小紅：小姐——
秋芳：既然如此，咱速速啓程，以免耽誤路程——
顏俊：要返去？來，隨我來——
△衆人出了廟門，場景換成野外
△突然雷聲不斷，閃電霹靂——
小紅：唉呀，小姐，落雨了——
顏俊：不要緊，前面有撐渡的，咱緊來去——
衆人：（歌）緊來走呀——依——
依——半路遇雨向前去——

向前來去——向前來去——

不通延遲——

△阿坤搖船靠岸，四人魚貫上船——

顏俊：撐渡的，緊開船——

阿坤：是——

△船開動，搖搖晃晃。顏俊不時藉機靠近秋芳

△秋芳閃躲

秋芳：表兄，請你卡尊重哩——

顏俊：妳無看到船晃來晃去，我是驚妳危險，才想要加妳牽著——

阿吉：對……小紅，我加妳牽著，若無掉下河裡，河水湍流連屍骨就找無——

小紅：免你雞婆啦，你自己若邁摔落去就佳哉！

顏俊：哈……秋芳，人家說有緣修得同船渡，咱今仔日坐同隻船，妳講……這甘不是宿世姻緣——？

秋芳：休得胡言亂說，我尊重你是兄長，請你自重——

顏俊：兄長？阿兄疼小妹嘛是應當，來……咱入去船艙，我有眞多話要加妳講——

秋芳：你……你擱來……我要——

顏俊：妳要按怎？甘講在船上，我還驚妳跑掉？告訴妳，妳尙好順從我聽我的話，我會加妳疼命命——

小紅：小姐——

阿吉：妳免叫，秋芳是阮大仔的，若妳是我阿吉仔的——

△二人向二女漸漸近逼——

秋芳：你……你若擱過來，我……我就跳下去——

顏俊：啊？妳？妳甘敢跳？

秋芳：你若擱踏一步，我就眞正跳了去！

顏俊：哼！既然甲妳設計來這，我就不驚妳跑去！阿坤——

△撐船阿坤放下撐槳——

顏俊：加她們兩人抓起來——不通乎跳落去——

阿坤：是——

△阿坤見秋芳欲跳，上前抓住秋芳，小紅上前幫忙，一旋身，反而是阿坤失足落水——

阿坤：啊——

△衆人訝異驚惶

顏俊：啊？怎麼會這樣？

阿吉：是妳……是妳將阿坤推下水，是妳害死阿坤——

秋芳：我——

小紅：不是，不是阮小姐，是我！將伊推下水的人是我！

秋芳：小紅，妳——

顏俊：好了啦，妳們兩人免講啦！秋芳呀，妳免驚，死一個阿坤無算啥，只要妳若答應我的親事，我會將這件代誌當做無發生——

△秋芳、小紅哭倒船上

秋芳：(歌)顏俊欺人眞過份
五倫不分令人恨

小紅：(歌)船上變故失方寸
稍安勿躁暫吞忍

秋芳：(歌)代誌因我起風浪
我去抵命入空亡

小紅：(歌)小姐寬心莫恐慌
找回姑免我命送

阿吉：好了啦，妳二人免在那兒哭哭啼啼，緊答應，若無抓妳去見官——

秋芳：殺人者償命——就算逃過一時，也逃不過自己的良心。

顏俊：啥……妳的意思——

小紅：阮小姐的意思是……人是我失注意加推下去的，我甘願隨你去見官——

顏俊：啊？要見官？阿吉仔，代誌怎麼變按呢？

阿吉：我也不知道——

△燈暗

第七場　桎梏冤情

場景：公堂

人物：縣官、秋芳、小紅、顏俊、阿吉、捕快若干

△捕快與縣官威武上堂

縣官：（歌）明鏡高懸影雙壁
魍魎妖孽無處避
冤情難伸有賢者
得情桎梏堂下赦。

△小紅與秋芳匆匆上來，欲入衙門時，阿吉與顏俊隨後追到，兩人拉住二女

△小紅與秋芳甩開糾纏，快步入公堂

△阿吉與顏俊不敢入內，猶豫焦急，顏俊未發覺身上香火掉在地上，兩人躡手躡腳離去

秋芳：大人呀，小女子前來自首——

小紅：不是……不是！大人是我要自首——

秋芳：不是伊，是我！

小紅：不是伊，是我！

△縣官一拍驚堂木

縣官：公堂之上不可喧嘩。既是自首必有事端，妳二人為了何事來公堂自首？

秋芳：小女子坐船過河……不意失手將船伕推落河中——

小紅：不是——大人！是我將船伕推落河中——

縣官：堂下二人聽著，一五一十說來，不得隱瞞，若有僞證，與主犯同罪——

小紅：這——大人容稟——

（歌）比文招親惹風波
所幸老爺察秋毫
小姐姑爺才能合好
豈料事後又橫禍

秋芳：（歌）爲顧功名無奈何
夫君上京去赴考
民婦欲回娘家靠
半路遇雨無處逃

小紅：（歌）船上不幸遇歹徒
顏俊相逼似狼虎
爲救小姐我全不顧

錯手害人我眞糊塗

秋芳：（歌）代誌起因是爲我
與小紅是無牽拖
老爺是無私的清官
我願吃罪受拖磨

縣官：（歌）聽伊兩人的口語
本官心中更猜疑
分明案中透玄機
曲中有奇奇中奇

小紅：老爺——一切是我所爲，與小姐全然無關——

秋芳：小紅——

小紅：小姐，妳邁講了，我的冤情全靠妳返去求老爺加我洗清——就算妳吃罪在獄中，於事無補——

秋芳：這嘛——

縣官：妳兩人何故竊竊私語？究竟何人才是眞兇？

小紅：小女子正是——

縣官：好！本官暫時將妳監禁，待本官抓回顏俊阿吉、找回船伕屍體了後，再行宣判——來人呀！將小紅押下——

△捕快押下小紅

秋芳：小紅——

小紅：小姐——

縣官：退堂——

△眾人下，只剩傷心的秋芳

△顏俊、阿吉又躡手躡腳上

顏俊：秋芳仔，我早就甲妳講了，咱邁講就無代誌，妳偏偏要來自首——

秋芳：你……你還有面說這種話？小紅若有代誌，我要愛你償命——

顏俊：查某干仔有錢擱買就有，何必計較——

阿吉：無哪，俊兄，按呢我就無希望——

顏俊：邁講那麼多，秋芳，咱緊來去返——

△秋芳憤怒甩開顏俊，卻無意中撿起地上的香火

秋芳：咦？香火？這不是相公的香火嗎？

△顏俊與阿吉臉色大變

顏俊：（小聲）香火怎麼全落在地上？

秋芳：（歌）香火在手心頭茫

不見相公的行蹤

疑問不知向誰講

連番打急遇風霜

顏俊：邁想那麼多啦，香火四界攏可以買，這個保證不是林青的——

阿吉：是呀！何況林青早就上京赴死——啊！不是，是上京赴考，伊的香火那有可能在這？

秋芳：這個香火有寫著林青的名字……莫非……相公伊——

△秋芳惶恐不安

顏俊：妳——妳想要做啥？

秋芳：相公一定出代誌了——我……現在即刻趕往京城找伊——

△秋芳快步離去——

顏俊：秋芳呀——

阿吉：俊兄，要怎麼辦？

顏俊：緊追啦，就算天邊海角，也要跟去——

△二人追去

△燈暗

第八場　金榜狀元

場景：京城街道

人物：秋芳、顏俊、阿吉、林青、相爺、路人若干

△街景是熱鬧的市集，但秋芳的步伐卻是落寞與無力的，顯然她已歷經了一段風霜路途——

秋芳：(唱)一路迢迢無坐轎
　走到腳底要發燒
　欲尋相公的消息
　不驚艱苦過險橋
　殷憂難寐朔風哀
　碧澗紅泉變苦海
　祈求找到阮尫婿
　媽祖助阮避災害。

△秋芳欲在路旁休息，突然傳來陣陣震天價響的鑼聲

△一股喜氣立刻充斥了整條街道。原來是林青高中狀元，正在遊行踩街

林青：(唱)金榜題名如日昇
　皇上欽點耀公卿
　遊行踩街萬人迎
　光宗耀祖家門興

△秋芳發現馬上的正是林青，立刻上前攔馬——

秋芳：相公——

△林青的馬兒受驚，跌落地上

秋芳：相公，你有要緊無？我擔心你的安危，自己一人千里迢迢來京城找你，沒想到你

高中狀元，我……我實在眞歡喜——

林青：妳……妳是啥人？

秋芳：相公，我是秋芳，難道……你不認識我了？

林青：小姐，我對妳毫無印象呀！

秋芳：毫無印象？

（唱）聽你之言我失主裁

莫非來此我不該？

林青：（唱）似曾相識浮雲彩

卻是茫然全不知

秋芳：（唱）明明是我的夫君

爲何忍心斷情恩

林青：（唱）撫衿自嘆失分寸

荏苒寒冬何時春

秋芳：你……難道……你林青與那陳世美一樣，有了功名，忘卻了結髮糟糠？

林青：林青？妳講我是林青？可是我叫羅玉堂——

秋芳：強要推辯何患無辭？你不認我不要緊，但我愛你知影，今日來找你是因爲小紅伊身陷監獄——

林青：小紅……小紅是啥人？好像很耳熟，可是一時就是想不起來——

秋芳：你……好！既然你如此寡情，我高秋芳也不願強求，你……好好保重——

相爺：且慢——

△秋芳欲離去，相爺攔住其去路

秋芳：你是……？

相爺：老夫乃是當今朝廷首相，伊叫羅玉堂，乃是老夫義子。

秋芳：你是當今首相？

相爺：老夫問妳，方才妳所講，是否全爲實情？

秋芳：千眞萬確，句句是眞！

林青：義父，我實在對伊全無印象——

相爺：此事老夫自有主張。來人，將這位小姐帶回相府！老夫親自查明此事——

△在護衛的吆喝聲中，衆人從左舞台下

△顏俊與阿吉似乎已偷看許久，這才匆匆奔出

顏俊：你看有清楚無？彼個敢眞的是林青？

阿吉：我也不知道，面模仔是眞像，可是……伊不是乎阿坤加推下水？

顏俊：這下害了了，如果林青若無死，伊現在中狀元，若乎伊返來，咱穩當要殺頭！

阿吉：稍等一下，你也看到剛才秋芳一直叫伊是林青，但是對方卻連連否認，這表示秋芳認錯人，或者——

顏俊：或者按怎？

阿吉：或者林青發生啥意外？

顏俊：按呢也是不對！剛才彼個相爺也說伊不是林青，是伊的義子叫羅玉堂！

阿吉：眞正「花閣閣」……俊兄，現在該怎麼辦？

顏俊：我現在最煩惱的就是秋芳乎人帶入去相府，不知何時才能出來。你稍等我一下，我來去相府討人——

阿吉：俊兄，這兒是京城，你以爲在你家？代誌若做無好勢，頭殼會找無家！

顏俊：對呀，我差點忘了，那現在怎麼辦？

阿吉：看破先回去再說——

顏俊：唉！我的秋芳又飛走了……看有吃無「乾答見」——

△阿吉強拉顏俊離去

△燈暗

第九場 三關文試

場景：相府大廳

人物：相爺、夫人、秋芳、林青、小菱

合唱：(唱) 落葉無根隨風轉
夫妻重逢情義亂
百尺樓上新狀元
千里風塵過三關

△燈亮時，相爺與夫人已高坐中堂，林青與秋芳分列兩旁。小菱服侍後下場

相爺：夫人，妳以為如何？

夫人：唉！我聽了半天，還是霧煞煞——

相爺：此事乃曲中有奇，奇中有曲。高秋芳，妳是否可將過去之事，詳細說明——

秋芳：相爺，容稟——

(歌) 初次相逢在雨中
紙傘相助有情鍾
看伊斯文又謙恭
金釵相贈情義重
再次見面在高家
花園比文詩詞雅
冒名過關才氣闊
有情眷屬人人誇

林青：（唱）　如雷貫耳心魂喪
　　　　　　此事實在費思量
　　　　　　看伊話中眞情揚
　　　　　　莫非眞是我的女紅妝？
秋芳：（唱）　寒光宛轉時欲沉
　　　　　　不畏艱難歌露冷
　　　　　　聽我抵節行路吟
　　　　　　寧聞古時風彈琴
　△林青似乎感動，但卻又不知從何說起
相爺：比文招親嘛……？
夫人：老爺，這實在眞趣味——
相爺：唉呀，夫人，此事令人難分眞僞，我心焦如焚，妳還當作趣味？
夫人：老爺——
　△夫人向相爺耳語，相爺恍然——
相爺：好呀，夫人眞是聰慧，才能想出妙計。秋芳姑娘——
秋芳：相爺——
相爺：當時妳高家莊比文招親，想必妳也是才高八斗、學富五車——
秋芳：略讀詩書，豈敢在相爺面前放肆？

相爺：既然如此，妳可敢與玉堂再來一場文試？

秋芳：這嘛——

林青：義父，我——

相爺：你堂堂今科狀元，豈有猶豫之理？何況秋芳姑娘若是眞正才思敏捷，也正好了卻老夫心願。

林青：義父，你的意思——？

夫人：秋芳姑娘端莊大方，吾兒不妨出題爲難，若是姑娘能過關者，這也是天賜良緣呀——

△林青與秋芳各自反應——

相爺：秋芳，妳意下如何？

秋芳：好！秋芳願意一試，林青，妳出題吧！

林青：姑娘，請指正。堂上有媽祖金身，不如就以媽祖爲題——

（唱）天經地義民常行

慈母聖容永世名

秋芳：（唱）萬物土生以土化

媽祖感應自性生

△相爺與夫人頻頻點頭讚賞

林青：（唱）苦海茫茫現明燈

秋芳：（唱）　默娘道法最上乘
十年普化迷子渡
引迷悟道狀元卿
林青：（唱）　出世本來是瑤仙
向善助道光明現
秋芳：（唱）　修功讀書種福田
不認妻兒豈安然？
林青：姑娘「詩思窮千里」、「文名動九州」，在下佩服！
秋芳：那裏，公子「詞源寬似海」、「文境靜如山」，莫怪是今科狀元郎——
相爺：哈……太好了——太好了，秋芳姑娘，妳已通過三關，堪為我羅家媳婦——
秋芳：且慢——
相爺：啊？難道妳無願意？
秋芳：不是願意不願意的問題，而是處事應該有原則。狀元郎已經考我三題，但是伊嘛
應當接受我的文試——
相爺：啊？妳也要加伊考試？
秋芳：如果伊若對不上，那一定是我認錯人——
相爺：玉堂，你意下如何？
林青：小姐，請出題——

秋芳：(唱) 坐懷柳君心不亂
　　　　閉戶仲連情無專
林青：(唱) 恭儉治內門風宣
　　　　安慮修身永無患
秋芳：(唱) 陽春二三月
林青：(歌) 楊柳齊作花
秋芳：(唱) 桂花飄落在南街
林青：(歌) 春風一夜月色迴
秋芳：(唱) 春去秋來燕子歸
林青：(歌) 願銜楊花齊作伙。
△林青似有所感
秋芳：公子聽了——
秋芳：(歌) 因火生煙，若不撇出終成痕——
林青：(歌) 水酉爲酒，入能回頭便成人
秋芳：(歌) 釆絲爲綵，又加點綴便成文——
林青：(歌) 人言爲信，倘無尙書乃小人——
△秋芳已淚流滿面，她緩緩取出香火
△林青雖然激動，但惶恐不安——

秋芳：你——聽仔細了——

（歌）寸土爲寺，寺旁言詩

詩云：明日揚帆離古寺——

林青：（歌）兩木成林，林下示禁

禁曰：斧斤以時入山林——

△秋芳將香火交給林青，林青伸手欲接，突然打下一聲脆雷

林青：啊——

△林青似乎被擊中，大叫一聲，倒地

秋芳：林青——相公——

相爺：唉呀——玉堂醒來呀——

林青：（歌）茫——耶茫，依——

（歌）大夢初醒如脫胎

彷彿有人將我害

可惡船伕大不該

害我險喪黃泉台

秋芳：（歌）大聲呼喚相公伊

一時惶恐無計施

昏厥呢喃啥道理

林青：這——秋芳我妻，妳爲何在此？
難道我眞正不是你妻兒

秋芳：你終於醒了？

林青：我猶如南柯一夢，今日能與我妻相見，但願不是在夢中——

相國：原來你果然叫做林青——

林青：相爺、夫人，林青冒犯之處，尙望海涵——

夫人：耶，此事莫非天意，豈能怪罪於你？

相爺：是呀！只是皇上批示當今狀元乃是羅玉堂，此事若無奏明聖上，恐怕犯了欺君大
罪，你我吃罪非輕！

林青：這要如何是好？

相國：放心，待吾明日奏明聖上，待聖上再下旨一道，必能還你公道。

林青：多謝相爺——

相國：耶，你是我的義子，豈可改口見外？

林青：義父義母恕罪——

△相國與夫人笑了

夫人：對了，秋芳義女爲何單身來京城？

秋芳：爲了我誤推船伕落水小紅爲我吃罪一事，又拾到相公香火，心中六神無主，才不
顧一切上京找尋相公——（將香火交給林青）

林青：我想到了，我是在渡船之時，受了船伕陷害，將我推落江中——幸得義父義母將我救上，否則早已身亡——

相國：如此說來，此事必有蹊蹺。好，待吾明日奏明聖上，賜你欽差之職，速回家鄉查明此案！

秋芳：眞的？那……小紅的生命有救了——

林青：多謝義父——

△燈暗

第十場　冤家路窄

場景：河邊

人物：秋芳、林青、阿坤、捕快若干

△秋芳與林青緩緩行來

秋芳：（歌）水漲橋平呼晚渡
雲封山盡映碧湖
尋回郎君不驚苦
萬里迢迢坎坷路

林青：（歌）溪光入座濃如染

林青：前面正是渡船口——喂，船頭家，緊來渡我過河呀！

嵐氣撲人翠光豔

南柯一夢命眞險

御命返鄉斬慧劍

△阿坤全身裹傷，動作遲緩地搖船靠岸

△阿坤見林青，嚇了一跳

阿坤：啊，是你？你無死？

秋芳：是你？你無死？

林青：是你？你眞該死——

阿坤：耶——歹勢啦，不是我要這麼做，是……顏俊伊唆使我將你推落河中——

林青：哼！好佳哉我的命不該絕，要不豈不是枉死在你這班人手中？

秋芳：相公，是我失手將伊推落河中。不知何故，伊尚活在世間？

阿坤：那還用說？我是撐渡的，熟識水性。小小河水豈能奈我何？只是乎溪石撞得全身是傷，顏俊實在無朋友情，竟然無關心我的生死——

林青：阿坤，事已至此，你可願與吾同往公堂作證——

阿坤：可是——

林青：只要你肯認罪，我會替你求情，叫縣老爺從輕發落——

阿坤：唉，自作孽不可活，我隨你一同認罪就是——

△燈暗

第十一場　公堂會審

場景：公堂

人物：顏俊、阿吉、顏父、顏母、縣官、小紅、秋芳、林青、阿坤、衆捕快

△燈亮時，顏俊、阿吉、顏父、顏母均已在公堂等候

顏俊：奇怪，無聽到啥代誌，縣老爺叫官差調咱來縣衙，不知要做啥？

阿吉：敢會是縣老爺要做生日，請咱來飲酒？

顏父：知影你要「孝姑」，一定是你二個畜生又擱在外面惹事生非——

顏母：你邁按呢開嘴合嘴就罵咱子，你敢無感覺這幾日咱俊兒眞乖？

顏俊：是呀，我驚到攏不敢出去！

顏父：你講啥？

顏俊：我啥攏無講——

△在威武聲中，林青身著官服與縣官同時上台。兩人一番謙讓，林青終於坐上主位

顏俊：咦，你不是林青嗎？

縣官：大膽！公堂之上，竟敢直呼欽差大人的名諱！

顏俊：啊，欽差大人？

顏母：好啦，就算伊是欽差大人，阮也無犯法，是按怎將阮調來公堂？

縣官：今日欽差大人要重新審理小紅殺人一案——

阿吉：啊？重新審問？俊兒，我看這回「無死勿埋了」——

顏俊：「店店」啦！無人證看伊按怎辦——

縣官：來人呀，將小紅押出——

△官差押出小紅，秋芳隨侍在旁

顏父：啊？秋芳，小紅——妳怎會在此？俊兒不是講妳和小紅返去高家？

秋芳：唉——母舅，一言難盡——

顏俊：秋芳——嘿——叨位攏可以遊走，怎麼走來公堂遊走，走，咱來返——

縣官：大膽！

△顏俊震懾官威，在一旁不敢搭腔

△縣官向林青示意，林青接著問案

縣官：請欽差大人審案——

林青：堂下可是高小紅與高秋芳？

小紅：正是民女——

林青：高小紅渡河船上殺人，可有此事？

秋芳：大人，小紅伊——

林青：讓伊自己說來——

小紅：（歌） 小紅殺人雖是眞

為救小姐是主因

錯手誤推捨自身

船伕嗚呼命來盡

小紅：（歌） 顏俊不該再逼婚

渡河船上欺紅粉

小姐堅貞寧死不允

主僕自首六扇門

林青：（歌） 常言萬惡淫為首

神前作孽不能留

縣官：（歌） 情理國法難全受

無力翻案令人愁

林青：雖然此案是高小紅自首，但疑點甚多，可有人證？

顏俊：我就是！

阿吉：我嘛有看到！

林青：如此說來，你兩人親目看到小紅將船伕推落江中？

顏俊：千眞萬確！

林青：那死者呢？
縣官：下官曾派人在河邊找尋，但都無蹤影——
林青：既死之人，豈會失蹤？顏俊、阿吉——
顏俊：我在這兒——
林青：你二人口口聲聲作人證，如今死者卻無屍骨，莫非你二人作僞證？
顏俊：這……我無講白賊，死的人是叫阿坤——
阿吉：對……平常在撐船的阿坤——
林青：此事當眞？
（唱）死到臨頭猶狡辯
兄友弟恭是枉然
若不證據擺眼前
你以爲自己是神仙
林青：來人呀！將人犯押上——
捕快：是——
△捕快押上阿坤，衆人訝異
顏俊：啊？阿坤？你……無死？
林青：顏俊、阿吉，可識得此人？
顏俊：我……甲伊無熟悉——

阿吉：我也不識他——

阿坤：你兩人眞無天良，我摔落河中也不曾關心我的死活，實在令人心寒——

小紅：你——你不是掉下河中，明明已經死了，是按怎——？

阿坤：我雖然受傷，可是奮力泅上岸。歹勢啦，這一切攏是顏俊和阿吉仔叫我按呢做！

顏俊：阿坤，你卡差不多哩，我甲你無熟悉——

阿吉：對呀，你實在無意思，我會乎你害死——

阿坤：你兩人邁推甲「離離」，林青上京赴考時，嘛是你叫我將伊推入河中——

顏俊：啊——你……隴講出來？

林青：大膽顏俊，你還有啥話通講？

顏俊：我……阮厝有錢人，你——

秋芳：表兄，想不到你竟然爲了美色，無顧念林青是你的表弟，你良心何在？

顏俊：那有法度？這一切攏是爲了妳！

小紅：你還敢講這種話，阮姑爺好佳哉乎你害無死，要不你十身都賠不夠——

林青：顏俊、阿吉，你們可知罪——

△顏俊、阿吉嚇得跪倒

顏俊：林青呀，別那麼兇，我是跟你玩笑的

林青：人命關天，豈是「滾笑」？來人呀！將一干人犯，暫禁枷牢，另日再行宣判。

顏俊：阿爸、阿母呀，救我啦——

△顏俊、阿吉、阿坤被押下

林青：小紅救主心切，雖然魯莽傷人，幸而未生命案，本官判妳當場釋放——

小紅：多謝大人——

縣官：恭喜大人、賀喜大人——

△在衆人祝福聲中，林青與秋芳、小紅相認——

衆人：（合唱）風浪雲煙三生債

夢回鴛侶驚宵月

五更同蓋鳳鸞被

黃梅時節比翼飛

△燈暗

△全劇終

八十七年度教育部文藝創作獎
歌仔戲劇本項第一名

財神請鼓掌

故事大綱

施旺雖然在王員外家當長工，但由於他能處處體諒別人、爲他人設想，因而得到財神的賞識，獲得四塊白磚；並在王員外爲女兒瑞君舉行的拋繡球招親儀式中接到了繡球。

但壞心眼的姚安見施旺老實可欺，遂以一塊花布半強迫地和施旺交換繡球。聰慧的瑞君誓死不從，半夜與丫環小春逃到施旺家中，兩人恩愛結爲夫妻。瑞君發覺四塊白磚是生銀，要施旺至金店換成銀子。返家途中，施旺被貪財的姚安逼著到原地尋找財神，財神表示河底下尚有許多白銀，是一位叫施門靠的人所有，別人是帶不走的。

瑞君生了一名男孩後，要施旺回王家求岳父爲小兒取名；因施旺在宴席中弄巧成拙、不知所措依靠在門邊，王員外遂替孫兒取名施門靠。施旺一聽急急去找財神，財神告訴他，能得財富乃是他心地善良之故，並希望他能用這筆財富幫助比他更窮的人。

人物表

一、施　旺：男，廿多歲，老實又善良的長工，常受人欺負但依然活得自在。

二、王瑞君：女，廿歲。千金小姐，抛繡球招親，慧眼相中了施旺。
三、姚　安：男，廿多歲，縣官之子，典型的花花公子，已婚尙覬覦瑞君美色。
四、玉　娟：女，廿多歲，姚安之妻，也是瑞君表姐。個性潑辣，姚安的剋星。
五、王員外：男，六十歲，瑞君之父。
六、小　春：女，廿歲，瑞君的丫環。
七、財　神：男，年齡不定，可以老年或任何年齡演出，視演員而定。
八、其　他：農夫、乞丐甲乙、家丁若干、村人若干、仙女若干。

第一場

人物：財神、仙女若干、乞丐甲乙、施旺

場景：天庭／野外獨木橋

△幕起之前，傳來眾仙女合唱

眾人：（唱）阮是一群小仙女
每日跳舞眞歡喜
會有這種命你免懷疑
玉帝卡早是阮厝邊。

△幕起時，眾仙女在雲端舞蹈，四周祥光環罩，眞是九霄仙境。

△舞蹈剛完、一名仙女似乎踩到什麼，嚇了一跳。原本躲在雲內睡覺的財神被踩得哇哇叫。

仙女：啊—我好像踩到「一蒲」……

△財神痛苦起身

財神：（唱）剛才夢到坐大轎
捧到一碗米粉在喊燒
凶凶聽到一聲的慘叫
才知自己去閃到腰。

仙女：（唱）裡面眠床你不睏
　　　　躺在這兒若土糞
　　　　乎阮驚一下心頭亂紛紛
　　　　這甘是你財神的本份？

財神：啊？按呢講是我不對？

仙女：你若擱在此「嘛啡」、阮來稟告玉帝，將你開除，以後免領退休金！

仙女：對，衆姐妹，咱免理他，咱們回去——

財神：喂！稍等一下啦——

△衆仙女不理財神先後離去——

財神：唉！人家說要作官要作大點，邁像我這種財神「受人酒禮；乎人稽洗」，是講在職怨職啦，作人得并；作雞得筅（盤），我若眞正在這「嘛啡」，到時人間若不景氣，一定會怪到我頭上來。好，我就來將身上這銀兩先來送乎人……

△財神從雲端躍下，瞬間雲霧散去，呈現是凡間的景象，一條獨木橋架在小溪上——

財神：（唱）凡間講有「工作症候群」（國語）
　　　　財神工作永遠作不盡
　　　　每日打卡簽到兼出勤
　　　　考績若丙等就歹看面。

△財神環顧四周一臉爲難……

財神：其實每年玉皇大帝攏有預算乎我，我只要將它分給該得的人，我的工作就結束了。問題是不是你想給什麼人就給什麼人，意思是命中若無註定，你連一角銀都免肖想。

△此時右舞台上來兩個乞丐……

財神：這兩個我不時遇到，作乞丐眞可憐！有一頓沒兩頓。好！今仔日我慘慘將這包銀兩送乎伊——伊兩人每日攏愛經過這條獨木橋，將銀兩放在橋上，伊一定會撿到——

△打定主意的財神將一包銀子放在獨木橋上然後躲在大樹後。

△兩名乞丐上場。

乞甲：（唱）不通笑阮乞者命眞賤
一日無事小神仙
街頭巷尾走一遍
三頓顧飽擱存一條金項鍊。

乞乙：（唱）尚好存錢娶某子
起一間大厝坐大廳
可是咱甘有這種命？
肚餓看破著緊行。

△兩名乞丐來到獨木橋前，乞甲突止步，乞乙撞了上來。

乞乙：你是作啥啦？

乞甲：稍等一下，阿三呀，你有感到今天有啥不一樣？

乞乙：那有？咱每天去城內「分」，攏是這個時拵經過這條橋，坦白講，那有啥不一樣？

乞甲：對！就是這樣。你不覺得這樣很無聊嗎？

乞乙：無聊當然是會，不然能怎樣？

乞甲：趣味是自已找的，咱今仔日就來個不一樣的。

乞乙：按怎無共款？

乞甲：這條橋咱已經走到像灶腳、就算目睭閉起來，我照樣能走過！

乞乙：耶，眞好玩。按呢好，咱二人目睭閉起來過橋，不能偷看哦——

△乞甲乞乙兩人閉著雙眼假裝是盲者，兩人躡手躡腳地經過獨木橋。財神在大樹後急得要命，但兩乞卻都正好跨過那包銀子。

△兩乞過橋後，興奮地抱在一起。

乞甲：哇，咱成功了——

乞乙：哇，這種感覺實在無共款！心情眞輕鬆！

乞甲：好啦，乞丐的餘興節目過了，咱們該去作乞丐了——

乞甲：（唱）天地造化透玄機
乞者嘛有快樂時。

乞乙：（唱）　弟相招永不離
誰講乞者無道義？
△乞丐甲乙從左舞台下，財神從樹後走出接唱
財神：（唱）　神仙難救無命客
明明白銀放在地
目睭瞇瞇不曉提
一定是前世有欠債。
財神：你們都看見了！這叫做「命帶骨，先削嘛削不律（lut）！」錢放在面前，伊就是無福氣提。咦？又一個人來，我再試一次看看——
△財神這回依然把那包銀子放在獨木橋上，然後躲在大樹後。
△施旺提鋤頭從右舞台上
施旺：（唱）透早出門鋤田土，
作人長工雖然眞艱苦
三頓暫時來過渡
期待早日賺錢攔娶某。
△施旺上了橋，發現了橋上的包袱。
施旺：咦？奇怪？怎麼有一包物件？對……一定是別人丟掉的！好！橫直我的「田」就在這兒，我就一邊鋤田土一邊等人回來……

△施旺將包袱放置一旁，逕自鋤田……

施旺：（唱）小漢阿爸有交待
　　作人不通加人害
　　就算金角排歸排
　　是福是禍攏不知。

△一旁等待不耐煩的財神終於走出

財神：（唱）頭一擺看到這種青仔欉
　　甘有影心肝攏不振動
　　我偏偏無加你「信斗」，
　　絕對要試伊是啥款的人。

△財神故意試探地走過施旺面前，沒想到施旺居然停止鋤田的動作，一連來回幾次都是一樣。

財神：喂，你好好鋤田土，是按怎看我走過都停下來，甘講是我生作「煙斗」？

施旺：我是看你穿這麼「水」，萬一若乎爛泥水噴到，按怎就歹勢——

財神：哦，原來是按呢。看不出這個少年人這麼善良，這麼處處替人設想……人家說：
　　財富乃有德者得之——

△施旺突然把那包銀子送至財神面前，嚇了他一跳。

施旺：這位老伯，我看你行色匆匆必定是遺失貴重之物，請問這包袱是不是你的？

財神：沒錯！（接過包袱）現在像你這麼老實善良的人已經不多見了，爲了獎勵你，你
　　可以撿起地上那四塊白磚——
施旺：無功不受祿，我怎能收你的東西？
財神：拿去吧，聽我的話沒錯，再說你的福份也只能有四塊！
△施旺果然在樹下撿起四塊銀磚。
施旺：咦？這眞趣味，那有這種白色的磚仔？是講我拿這四塊磚作啥？
財神：坦白講，我略知命相之術，你厝的眠床是不是長短腳？
施旺：對，無錢通修理啦，可以睡就好！
財神：這四塊磚乎你，你以後就可以——
施旺：對，就可以疊床腳，按呢睏就不會「孔腳翹」！
△財神差點暈倒。
財神：也罷，你自已保重，吾身去也——
△財神離去。
△施旺因獲磚塊可以墊床腳高興不已——
施旺：（唱）　雖然我是「散龍人」。（窮人）
　　心安理得無欠人半項。
　　四塊白磚雖然眞重。
　　督好眠床腳通塞縫。

△燈暗。

第二場

人物：施旺、瑞君、小春、王員外、乞丐甲乙、姚安、小孩二人、村人若干、佣人若干

場景：王家門外

△燈亮時，鞭炮聲乍響。

△王府外熱鬧非凡，不但聚集了許多村人，而且是張燈結綵，似乎辦著喜事。

眾人：（唱）自古奇緣稱雙璧
繡球招親傳名聲
鸞鳳和鳴良緣定
招得好婿入大廳。

△兩名乞丐和施旺也分別從兩邊上。

乞甲：（唱）眞遠就聽到鑼鼓聲
員外加查某子作親成。

乞乙：（唱）咱是絕對無彼種命
若有一頓粗飽我就叫伊阿娘。

施旺：（唱） 頭家門口眞多人，
　　一定是有人招親加嫁尪
　　大廳四界才會全吊紅，
　　啥時拵才會輪到我作大人？
△施旺好奇地望望熱鬧景象，不免好奇問身旁的兩名乞丐。
施旺：這兩位兄台，請借問一下。這兒是作醮還是迎媽祖？要不然怎麼這麼熱鬧？
乞甲：無講你不識！誰人不知王員外今仔日爲伊的查某子舉行抛繡球招親！
施旺：哦？抛繡球？阮小姐要抛繡球招親？
乞乙：像咱這種的兔肖想，尙重要的就是王員外開一百桌的流水席，少年的，逗陣入來去吃一頓仔粗飽咧。
△施旺正想說什麼，被甲乙乞丐欲強行拉入時，突然……
△縣老爺的公子姚安在家僮護衛下威風凜凜從右舞台上
姚安：（唱） 自稱諸葛小孔明。
　　煙斗眞巧眞手槍（調皮）
　　老爸小漢眞挺惺（疼愛）
　　我愛一粒無人敢切邊（餅）。
△家僮盛氣淩人地推開衆人，衆人見姚安出現知其不好惹紛紛躲避——
△姚安示意，家僮立刻拿毛筆在樓閣前畫個大圓圈。

村甲：姚公子，你畫這個大圓圈作啥？

姚安：你們給我聽乎好，等一下王小姐抛繡球的時拵，任何人攏不能走入圈內，否則……後果自己負責。

乞甲：按呢都攏你贏……小姐肩不能挑手不能提，怎麼丟也丟不出這個圈。那你豈不是……

△姚安一把揪住乞甲，乞甲嚇得發抖

乞甲：算我沒講——

姚安：嗯……聰明的孩子一點就通，其他人還站在這兒作啥？施旺，你是王家的長工，站在這兒作啥？

△施旺識相地移至舞台邊。

△衆家僮拿木棍，衆人紛紛逃出圓圈外，舞台中央只剩姚安一人。

家僮：嘿……少爺，這聲是「穩答答，老鼠仔入牛角。」

姚安：哈……天下間也只有我小諸葛賽孔明姚安能夠想出這種辦法，王瑞君，我哈妳眞久了，這回咱尪某是作定了——

△突然人聲吵嘈，有人高喊「球來了——」，果然從場外飛進一顆球，姚安大喝一聲，果然接到一個球。

姚安：啊哈——我接到了，我接到繡球了——

△衆人尷尬地望著他，姚安似乎也覺得不對勁，抱球環顧四周，兩個小孩怯怯入內。

小孩：歐吉桑……那個球是我們的……不小心跳進來的——

△衆人大笑，姚安惱羞成怒。

姚安：可惡，猴囝仔敢加我戲弄——

△姚安抓小孩，但施旺立即上前求情。

施旺：姚公子，請你不要生氣，這兩個小孩無惡意——

姚安：你敢替伊出頭？

△姚安放下小孩和球，反過來欲打施旺，兩小孩藉機逃走。

施旺：且慢……（唱）公子不通來誤會，
你是紳仕兼穿皮鞋
不是我作人眞厚話
是你屎桶看齒杯。

姚安：（唱）你敢惹我這個小霸王
伶牙利嘴眞能講
我實在聽得眞不爽
一拳打乎你返去找祖公。

施旺：（唱）公親無端變事主
要殺要剮又要煮
世間怎會有這種事

有理無理攏是輸。

姚安：反正面子我要討回，你就不要埋怨——

△姚安欲出手之際，一陣囍樂聲，員外陪女兒瑞君走上樓閣，丫環小春在旁侍侯。

姚安：哇……果然名不虛傳，我卯死了——

員外：各位鄉親，今日我替小女瑞君舉辦抛繡球招親，凡是未婚的男仕攏可以參加——所以請已經結婚的人離開——咦？姚公子，你不是已經娶過親？而且你的妻子也是瑞君的表姐玉娟……

姚安：我昨天加伊「離緣」了！本來要叫你姨丈，現在叫未來的丈人爸！

員外：哦？此事我怎麼不知？

姚安：見羞代誌難道得四界打鑼宣傳？王員外，叫你查某子要抛繡球卡緊哩，我無閒工夫——

△瑞君著急。

瑞君：阿爸……按呢要按怎？

員外：唉！都是妳自已啦，要加妳作媒人妳不要，講要用什麼流行的方式，這下可好了——

瑞君：（唱）無端惹來一個青仔欉
大嘴開開像要吃人
看到繡球眞花紅

小春：（唱）　我甘願將球丟落江。
　　小姐千萬愛思量
　　彩球若落姚安手中
　　豈不是一世人歹面相向
　　按呢不如嫁一隻大恐龍。
姚安：好了啦，不要唱了，早是要拋，晚也是要拋，歸氣拋給我……
　（唱）溜溜瞅瞅吃這兩蕊目睭
　　若無丟球我絕不干休
　　嫁我三頓吃飯攏攪豬油
　　每日打牌擱有紅利抽
△瑞君見姚安霸住樓下，不禁為難，稍一猶豫正好與施旺四目相對……姚安似乎也
　發現了——
姚安：咦？你這個臭小子還在這兒作啥？
施旺：我？我看鬧熱呀——
姚安：走開啦——
△姚安一腳踢開施旺，然後轉身面對樓上。
姚安：繡球到底拋不拋？不拋沒關係，我自己上去拿——
△姚安果然在眾家丁吆喝下，衝上樓閣。

△樓上的瑞君大驚，左右爲難之際，不得已將繡球拋給愣在原地的施旺。
△施旺似乎還不知道發生什麼事，手上已經多了一個繡球。
△衆人訝異。
△燈暗。

第三場

人物：施旺、姚安、家丁若干、小春、員外、瑞君
場景：野外
△施旺似乎莫明其妙地被家丁們帶到大樹下。
施旺：不要拉啦，你們是來請我去作姑爺？也不用拉到衣服快破了，我自已走就好！
△衆家丁將他放開，突然飽以一頓老拳。
施旺：唉喲……拋繡球結婚甘有這種的禮？
△姚安狀如小霸王上台，憤怒不已。
姚安：可惱呀——可恨！
施旺：姚公子，甘有人欠你錢？要不你怎麼氣成這樣？
姚安：你……嘿……（唱）這個小子實在顧我怨

恨不得將伊揉成作肉丸
為了完成我娶某的心願
我的骨頭著愛裝乎卡彎

施旺：（唱）無風無搖倒大樹
惹禍上身代誌煞到手
敢會是因為這粒彩球
看破認份緊來去溜

姚安：施旺，王員外剛才託我來加你講，小姐一時失手將繡球丟偏了，所以特別要我拿這塊花布來跟你相換。

施旺：甘按呢？

姚安：啊？你不相信？（唱）我有嘴講到無涎
你敢還得去卜卦
要知阮爸是縣官
代誌不會黑白賴

施旺：（唱）紅繡球換作一塊花仔布
我實在感覺真糊塗
是講自己愛知退步
小姐那有可能嫁我作某。

姚安：你自已想看邁，小姐千金之體那會看上你這種長工？話我已經說完，你答應便罷，

無答應者——

△話未完，家丁們將棍子架在施旺脖子上。

△施旺嚇得發抖。

施旺：好……我答應——

△在暴力脅迫下旺將紅繡球交給姚安，再從姚安手中接過花布。

姚安：哼！我就知道你是聰明人——，那還站在這兒作啥？

△衆家丁狗仗人勢，揮舞著棍子，施旺嚇得逃向右舞台。

△同時王員外和小春急急趕來。

員外：賢婿……賢婿何在？

姚安：王員外，你是在找我嗎？

員外：姚公子，你是否看到一個撿到繡球人？

姚安：你講的是不是這粒繡球？

員外：啊？繡球？怎麼會在你手中？

姚安：（唱）今日繡球來招親

天公賜我這個好婚姻

面前我叫一聲岳父大人

我是子婿緊來加我認。

小春：（唱）你敢講我是不敢聽
這種人那有可能入阮的大埕？
實在不知你肖話在講啥？
白賊閻羅會加你煮火鼎。

員外：（唱）代誌那會按呢來發生
招親實在眞無閒
現在秀才又遇到兵
仙講我嘛講不清。

姚安：好了！我不管你按怎講，辦法是你自已訂的，誰人拿到繡球啥人就作你的子婿。我加你講，我現在返來去準備，馬上去恁厝娶親！

員外：姚公子，有話慢慢說啦——

姚安：若娶無人，馬上去縣府告你詐欺，騙婚。走！咱們先回去！

△姚安吆喝衆家丁離去。

員外：唉……糟了，這下糟了——

△瑞君從左舞台上。

小春：小姐，代誌不好了——

瑞君：剛才你們說的話我全聽見了，爹——
（唱）明知姚安在變鬼

我怎能忍下這口氣
看伊檳榔吃加歸嘴
咱厝那有伊的子婿位。

小春：（唱）姚安靠勢是伊老爸
也無想講伊已經娶某過。

員外：（唱）若乎告官講咱犯罪
我煞得開錢了傢伙。

瑞君：（唱）代誌已經來發生
希望爹親想乎明
查某子的將來若不幸
我甘願出家渡一生。

員外：代誌忽然間變成按呢，我一時嘛無主意，但是繡球在姚安手中，咱若無照約來，恐怕會吃官司。

瑞君：繡球明明是咱的長工施旺搶到，一定是姚安用啥手段，要我嫁彼個花花公子，我寧可一死——

小春：小姐，妳邁激動，我有一個辦法——

員外：啥辦法？

小春：小姐暫時去外頭避風頭，至於婚禮嘛……照常舉行！

瑞君：妳這是啥辦法？

小春：婚禮照常舉辦，但是新娘不是妳——

△小春向二人耳語——二人點頭稱是。

△燈暗。

第四場

人物：姚安、員外、新娘（玉娟）、財神、賓客若干

場景：新房

△結婚喜宴的音樂中、姚安穿著新郎服興高采烈地牽著新娘入內。

姚安：（唱）這世人今仔日我尙歡喜
娶到美人返來作細姨
齊人之福趣味無地比
從此快樂笑嘻嘻。
（唱）好佳哉「柴爬」督好返去後頭
伊若返來一定會大哮
尙好不要加我結眉頭

假肖我就趕伊出阮兜。

△員外有點心虛地上來，在新房外東張西望，正好與來關門的姚安遇上了。

姚安：啊？丈人爸？你不在大廳喝酒……怎麼跑來這兒？

員外：我……我不放心，所以專程來看看……

姚安：這有啥不放心的？人交結我，我一定會加伊疼命命，當作心肝寶貝！

員外：這我知道，我不放心的是你原本的妻子玉娟……伊是瑞君的表姐……

姚安：哈……這是天意，這是天賜良緣！這是親上加親！

員外：按呢雖是一段佳話，可是我懷疑玉娟怎麼會答應你擱娶細姨？

姚安：哈……（唱）厝內本來是我在作主

啥人敢來加我如（騷擾）

阮某我若有疼伊就若明珠

若無我將伊當作古董放到舊舊舊。

員外：講起來你眞正有查埔人的氣魄，對了，你厝裡辦喜事，怎麼都沒看到玉娟？

姚安：哈……這叫天助我也，本來我想先娶回來再說，沒想到玉娟講伊忽然有代誌要返去伊厝。

員外：啊？那……玉娟若返來，知影你娶瑞君，兩個表姐妹不打得你死我活？

姚安：哼！到時拵「生米煮成飯」，就算伊不答應也來不及了。何況，姚家是我在當家，我說要這樣就這樣，誰人敢說什麼？

員外：咦？我外口聽到的風聲好像不是這樣？人家都說你很「驚某」？

姚安：風聲怎麼作準？（唱）人講我驚某實在是無影

世事不免論輸贏
查埔人只要大方擱端正
就算娶一百的嘛免驚。

員外：好……既然你按呢講，我就放心了，人家說春宵一刻值千金，要不我就不打擾了！
請——

△員外探頭往內瞧，這才轉身離去。

姚安：老大人眞嚕嗦，新婚之夜來咧「紅目有仔兜鬧熱」。

△姚安將門關妥，色迷迷地走向坐在床沿的新娘。

姚安：娘子，乎妳等很久了……

△姚安拿起桿秤欲挑新娘頭巾，但新娘嬌羞躲避。

姚安：咦，還會害羞？

新娘：你要掀頭巾之前，我有話要問你，你要老老實實對我回答！

姚安：好，妳儘管問！但是要問快一點。不要問到天亮——

新娘：（唱）今日洞房花燭夜
這是咱二人宿世的運命
怎麼沒看到玉娟的人影

姚安：（唱） 應當叫伊出來乎我叫姐姐。
講到玉娟我就大怒
伊雖然是我的大某
可是不時去找伊阿姑
想到我著實在眞氣魯。
新娘：（唱） 按呢歸氣將伊趕出房
叫伊邁認你作尪
不管「食衣住行」叨一項
我會照顧你到茫茫。
姚安：（唱） 聽妳的聲音我實在有夠爽
我早就想要放伊去流浪
這件代誌不免妳講
明仔哉我叫伊去睡柴房
新娘：可是……這都是你一面之詞，萬一玉娟姐不答應，那我以後不是眞歹命。
姚安：妳放心，玉娟伊絕對不敢加妳按怎——
新娘：可是……你無加我保證，我不放心——
姚安：好啦，玉娟若敢動妳一根汗毛，我就踹她一腳乎伊黏在壁上——
新娘：哇，你好勇敢哦——姚安，你看看我是誰？

△姚安原本得意洋洋，沒想到新娘子扯下頭巾，竟然是玉娟——

姚安：啊，玉娟？我一個好太太，怎麼會是妳？

△姚安態度轉變，嚇得爲玉娟倒茶搥背……

玉娟：你穿得「紅既既」，甘是中狀元？

姚安：嘿……妳嘛是穿紅紅，加妳卡適配——

玉娟：你剛才說要加啥人踹一腳乎伊黏在壁上？

姚安：我……我甘有按呢講？

△玉娟突然起身踹出一腳，姚安果然黏在牆上。

玉娟：（唱）我開嘴大聲就罵你
自己四兩恩仔也無除
看到查某你頭就傾傾
也無檢討自己腳骨大小枝。

姚安：（唱）此事吾妻有誤會
一定是我今年有卡衰
才會撿到人家的繡球尾
是講多人親像樹枝發芽。

玉娟：（唱）你這隻色狼兼豬哥
無端加我惹風波

今日你若無認錯。
我絕對打到乎你無地逃。

△玉娟將姚安抓入內房。

△衆賓客紛紛走出，偷聽到姚安挨罵受窘的情形，衆人高興地拍手。

△衆人逐漸散去，舞台上只剩財神一人，不知何時他也混雜在賓客中。

財神：（唱）作人不通太凸風
尪某二人本來眞適當
非份之想卡莽動
這才罰跪擱愛乎人摃。
（唱）人在福中應惜福
不通心肝攏想毒
貪慾邪念愛約束
財富太多嘛眞臭簇。

△財神望著富麗堂皇的四周，緩緩嘆了口氣。

△燈暗。

第五場

人物：施旺、瑞君、小春
場景：施旺家居內外

△強風吹拂著枝椏，樹林中的陋屋孤立在寒夜中。

△月亮高掛灑了地上一片銀白，屋內施旺望著手中的花布，不時發出感嘆聲，使得四周顯得更淒迷更荒寂。

施旺：（唱）方才下了一陣雨
　　廳內漏水變成湖
　　彩球換成一塊花布
　只能作衫兼作內褲。
（唱）一切是命莫怨天
　乎人欺負也不是頭一遍
　無閒一工嘛是眞累（鮮）
　卡早去睏夢中作神仙。

△施旺走出望望寒夜天際，嘆口氣又關門入內。吹熄蠟燭，入內安歇。

△瑞君與小春踽踽而行

小春：小姐，隨我來——

瑞君：（唱）寒夜漫漫月高照
夜鶯風聲成小調
迢迢夜行尋吉兆
露水豈識鳳娘嬌。

小春：（唱）咱是專工來找尪
才著半暝出來受風凍
攏是姚安這尾蟲
若無咱現在那著避樹欉。

瑞君：（唱）繡球招親姻緣天成
尙驚是我會錯情
甘講施旺無彼種心境
按呢一定是我的不幸。

△二人走到小屋前。

小春：小姐，到了，這兒就是施旺的住處——

瑞君：小春，咱們這樣前來，豈不是太冒昧，而且有失查某囝仔的矜持。

小春：既然妳按呢講，要不咱現在就返來去——

△小春故意往回走，瑞君反而拉住她。

瑞君：稍等一下啦，妳怎麼說走就走？

小春：我就知道妳，「餓鬼擱假細字」！其實繡球明明是施旺撿到的，咱來找伊嘛是名正言順。

瑞君：我……心肝亂紛紛，胸前親像水在滾，有話無講擱不安穩……

小春：妳這叫作娘仔在思君——好了啦，再假下去就不像了。我加叫門——

△小春拍門。

小春：施旺——小姐來看你，緊來開門——

△施旺點上蠟燭，從內走出——

施旺：這麼晚了，是啥人？

△施旺打開門，赫然見到小春和小姐。

施旺：啊……小……小……小（口吃）

小春：燒？燒驚凶，凶驚大嘴！按怎？你按算要叫阮二人站在外面到天亮？

施旺：小姐，請入內……厝內只有一張椅子，小姐妳坐——

△瑞君坐下後，羞澀地望著施旺。施旺也惶惶不安。

小春：唉！兩人在那兒犀牛照角……

（唱）原來伊兩人早就有意愛
害我替伊煩惱「歸落攏」
若按呢何必著設繡球台
總講我小春是一個憨大呆。

施旺：（唱）看到小姐在眼前
宛如是天頂的女神仙
有話不知要從何表現
心肝猶如彈琴弦。
瑞君：（唱）伊雖然是阮厝的長工
我嘛不知按怎會選伊作尪
一定是前世坐船共渡江
這世註定愛住同房。
施旺：（唱）小姐您是不是盪無路
外口天色又擱黑
萬一若擱走出一隻虎
恁會哭到叫阿祖。
瑞君：（唱）我要問你一句眞心話
明明是你撿到繡球花
按怎變成姚安來帶回
你應當乎我交待一句話。
施旺：（唱）姚安講我加妳無適配
彩球加伊換一塊白布花

自認身份驚人講話
就算愛妳我嘛不敢叫妳相隊。
瑞君：（唱）只要有心擱有愛
應該吐露乎對方知
別人按怎想不是阻礙
自己的運命自己主宰。
小春：既然兩人早就互相有意愛，而且又擱是拋繡球牽成兩家姻緣，小姐，我看妳愛認命——
瑞君：宿世姻緣若是天註定，我怎能反悔不認命，既然決心踏入施家的大廳，我是永遠加伊是尪某行。
小春：施旺，你有聽到嘸，阮小姐對你一片眞情，你千萬不可負伊——
施旺：不會啦，施旺能得小姐看得起，這世人一定作牛作馬來報答小姐的恩情。
小春：那小姐和我暫時要住這兒，你只有一間房該怎麼辦？
施旺：這無妨，小姐與妳睏在床，我後面柴房安歇即可。來，小姐，請——
△小春和瑞君望著眠床——
小春：這甘是眠床？怎麼連腳攏長短腳？
施旺：好佳哉前日我有撿回四塊磚來墊腳，若無眠床還傾斜的呢——
△瑞君望著那四塊磚出神。

小春：小姐，妳在看啥？

瑞君：（唱）小漢聽過阿爹講
　　寶物怎會在此現形蹤
　　白銀「歸床」實在無適當
　　我來問伊看伊按怎講。

瑞君：施旺，你講，這四塊磚你是在啥所在撿回來？

施旺：是山腳的田邊。有很多的呢，如果妳想墊高一點，明天我再去撿。

瑞君：我曾經看過阿爹拿過這種生銀。你不妨明仔哉拿去換錢，也許結婚的費用都有了！

△施旺訝異的神情。

施旺：啊？四塊磚可以換錢？

△燈暗。

第六場

人物：施旺、姚安、財神、家丁若干

場景：野外（同第一場）

△晴空萬里，田園中充滿了花兒洋溢的芬芳氣息及小鳥兒的叫跳聲。

△施旺輕快的腳步從右舞台上。手中抱著一大袋的銀子，反而快樂得手舞足蹈起來。

施旺：（唱）白磚可以換銀兩，

莫非是我前世燒好香，

趕緊拿回去放皮箱

要不別人看了目睭癢。

（唱）無錢是無人要乎你偎靠

有錢嘛是眞煩惱，

驚人偷又擱驚惹禍

人生講來眞是無奈何。

施旺：想不到瑞君小姐講的竟然是眞的！四塊磚竟然可以換這麼多的銀子。有了這些銀子，我就可以重新蓋一幢房子，然後娶小姐……

△施旺快樂地離去，但沒想到見姚安帶著家丁從左舞台上。

△家丁粗暴地將施旺推回……

施旺：姚公子，是你——

姚安：當然是我，要不是鬼？

施旺：眞歹勢，我一定是擋到你的路，要不我走另一條——

△施旺欲往左邊走，家丁擋住他；欲往右邊走，另一家丁又擋住他。

施旺：這……我知道，所有的路攏你要走，那……我就暫時在路邊稍等一下，等你們過了我再走！

△施旺站在一旁，但姚安不放過他，趨前抓住他的衣襟。

施旺：姚公子……不要用力，只有這件衣服最漂亮，撕破就沒了——

姚安：施旺，你……。

（唱）你實在是眞假肖

無加你教示你不巧

老虎無發威你當作病貓

踹一下乎你像青蛙四界跳。

施旺：（唱）公子且慢發脾氣

人講歹性地是無藥醫

路雖然小條攏讓你

三兩恩仔我自己是有除。

姚安：（唱）顯然知影自己啥身份

也敢跟我爭王瑞君

無彼種命咱愛認份

你這種歹竹那會出好筍？

施旺：（唱）人若落土三兩命

啥代誌我攏不會贏

只有搶到繡球頭一名
嘛是讓你入去王家的大廳……

姚安：好了！一百句五十雙！你講啥我攏不聽啦，只要你加我講瑞君躲在什麼地方，要不然我去加縣老爺告狀，你愛乎人抓去關加生蝨母。

施旺：這……可是我雖然沒唸過什麼書，但卻了解愛情是應該雙方互相意愛，瑞君小姐若對你有意思，伊怎會離家出走？

姚安：（尷尬）好！你這個臭小子，若無乎你吃一點苦頭你根本不知天地幾斤重——來人，好好乎伊一頓粗飽——

△家丁們一擁而上，施旺機靈地四處躲藏。雙方拉扯下，包袱內的白銀全掉在地上，剎時衆人全部給銀子震攝住了——

姚安：咦？銀子？敢會是我掉落的？

△姚安摸摸口袋，施旺急急擋開家丁護住銀子。

施旺：這；這是我的銀子——

姚安：什麼？你的銀子？

（唱）你敢講我是不敢聽
乞者身那有皇帝命
一定是我剛才四界行
落在土腳不知影。

施旺：（唱）公子千萬不通來誤會
　　你若不相信去問彼個員外
　　我用生銀跟伊交陪
　　大家攏無相欠嘛無閒仔話。
姚安：好！既然你講是你的銀兩，我問你！你是不是去偷的？也是去搶的？
施旺：不是啦，我是用四塊「生銀」去換的！
姚安：生銀？你怎會有生銀？
施旺：就在這兒附近撿到的——
△姚安一聽念頭一轉，突然對施旺客氣起來……
姚安：嘿……施旺，我一向對你也不錯！所以呢，過去的事咱們就不要再計較。
施旺：是！我就知道姚公子一向寬宏大量——
姚安：既然咱是好朋友，俗語講：有難同當；有福同享對嗎？所以你是不是可以告訴我
　　在什麼地方撿到生銀的？
施旺：就在橋那邊的樹下——
姚安：好……來人呀！將伊抓起來——
△衆家丁動手，施旺著急
施旺：姚公子，你不是講咱是好朋友，是按怎加我抓起來？
姚安：我加你講，你若敢騙我，我絕對要乎你一頓「青抄」！

△姚安帶家丁們過獨木橋，但在樹下搜尋老半天，卻始終無所獲。

家丁：公子，附近都找遍了，就是找不到什麼生銀——

姚安：好呀！施旺，連我你敢騙，看來不給你一點顏色你是不敢說實話——來人，將伊推下河，乎伊吃水。

△家丁將施旺推下河——

施旺：救命呀——

△半響沒有聲響，衆人在台上困惑。

家丁：公子，一定淹死了。不是啦，施旺一定淹死了——

姚安：死者不止惜哉，敢騙我，這是他的報應——

△話未完，突然伸出一隻手，施旺從河中爬起，衆人嚇了一跳。

姚安：你無死？你手中拿的是什麼？

施旺：我……我在河中摸到一塊生銀……原來……都藏在河裡——

姚安：眞的？來人，通通給我下去搬——

△衆家丁一個個往下跳，但半響又一個個哀嚎爬上岸，有的手被螃蟹夾到，有個被烏龜咬到，有的被蟑魚夾住腦袋，衆家丁四散離去——

姚安：喂，回來呀——好！眞無路用，回去加恁辭頭路。好！我自己下去——

△姚安逕自躍下水，施旺關心地在旁觀看——半響，姚安哀嚎上岸。一隻大鱷魚追咬著他，姚安急急逃去。

施旺：姚公子……唉，怎麼會這樣？

△施旺不知該怎麼辦之際，樹後走出了財神。

施旺：是你……我那個朋友不知會不會有危險？

財神：那是他們罪有應得——

（唱）人心不足蛇吞象

有人生來雙手兩片薑

別人千方百計加你搶

你還有心情替別人想？

施旺：（唱）彼隻鱷魚嘴眞開

看到魄散又魂飛

姚安吃到肥肥肥

我驚伊無死嘛會流血。

財神：這個世上，人應該憑自己的勞力才能得到想要的東西。若是強行奪取，則會受到懲罰——

施旺：那……這麼多的生銀爲什麼放在這兒？這應該是誰的？

財神：這是一位叫施門靠的人的，總有一天他會回來拿的。

施旺：既然如此，那別人的東西是不能再拿了——

△施旺將一塊白生銀又丟入河中，財神讚賞地點頭。

財神：那……施門靠究竟住在什麼地方呢？是不是也住在我們這個村子，我認識他嗎？

△施旺提出一連串問題，但一回頭，財神不知何時已消失了蹤影……

△施旺訝異的神情。

△燈暗。

第七場

人物：施旺、小春、瑞君、轎夫

場景：施旺家居內外

△燈亮之前，幕後隱隱傳來合唱。

眾人：（唱）　時間匆匆過一年

萬般事項葛葛纏

夫妻恩愛真蜜甜

瑞君臨盆要將孩兒生。

△施旺在門前焦急地走來走去，半響突然傳來嬰兒的啼聲。

施旺：啊？生了……我太太生了——

△施旺欲入內房，小春抱著嬰兒走出。

小春：恭喜姑爺，小姐生了一位公子呢——

施旺：啊！我作老爸了——

（唱）人逢喜事精神爽

我想要去大路加人講

講阮某生一個未來的秀才郎

二十年後我就要作阿公。

小春：（唱）囝仔頭殼二粒狀

一定巧到四界問

你趕緊去後壁煮燒湯

順煞煮幾粒仔蛋。

△瑞君從內房走出接唱，小春趨前扶她。

瑞君：（唱）懷胎十月產子郎

孩兒頭大面四方

與夫君五官眞相同

將來必定出才衆。

施旺：瑞君，妳實在眞能，竟然替我生一個這麼古錐的後生！

小春：姑爺，那有只是小姐能？你嘛是有功勞呀！

施旺：我嘛有功勞？若論起功勞，應當要感謝那四塊磚　只可惜那麼多的白銀攏是別人的！

瑞君：人生在世知足才是本，能夠跟相公逗陣生活，夫唱婦隨，如今小兒又擱出世，施家後代有望，咱那有什麼不知足的？

施旺：是啦，娘子說得是，對了，妳剛生產，應該在眠床休息，厝裡的代誌乎我來做就好！

小春：姑爺，厝內的代誌我會發落，代誌攏乎你做，我這個丫環作啥？

施旺：對；妳講得有道理——我一時太歡喜，我煞不知要作啥——

瑞君：相公，孩兒已經出生，你作老爸的人應當愛加伊號一個名——

施旺：號名？這無問題——

（唱）阿貓阿狗眞愛吼
阿花阿枝或是「敏豆」
好叫一世人叫到老
聽名人就知影住咱兜。

瑞君：（唱）號名應該重文雅
內涵氣質講究巧
阿貓阿狗囝仔卡好教
不過又不是畜生有四腳。

施旺：既然按呢攏不好，我就不知道該怎麼取名？

瑞君：對了，明天正好是阮阿爹的壽辰，我雖然「月內」，但是不放心你一人返去，不如今日我先和小春坐轎返去，你自己明日再來。

施旺：這是應該，我三日前，豬腳麵線早就準備好了！

瑞君：你自己去處處要自己檢點，不通乎人看無目地，順煞叫阮阿爸加小兒取個名字，阿爸一定會眞歡喜！

施旺：這我會啦——

瑞君：另外抓一隻鴨仔，剪一塊壽幛和壽麵，最重要的是看到人攏愛講好話！

施旺：我攏無加人罵，我講的每句攏嘛好話！

瑞君：既然如此，小春，妳先去請轎——

小春：好！我來去——

△小春從右舞台下。

瑞君：相公，吃一歲學一歲，你雖然無讀啥冊，但是長輩的舉止言語攏是值得咱學習——

（唱）人情世事禮和義
你若有啥的懷疑
長輩的話攏是教示
每句攏嘛有透玄機。

施旺：（唱）娘子交待我會記在心

好話可比一斗黃金
我若遇到大妗婆和阿狗嬸
伊一定會教我按怎吃按怎飲。

瑞君：按呢我就放心，另外在宴席之中不可貪吃而失態！該動筷才動，若無會乎人笑！

施旺：那歸氣我靜靜不吃好了——

瑞君：放心啦，我會在你腳上綁一條線，我若拉一下你才挾一下，按呢就不會乎人笑——

施旺：按呢好！按呢眞好玩呢——

△小春從右舞台上

小春：小姐，轎來了——

△轎夫上場。

瑞君：交待之事緊記在心，我與小春先回去了——
（唱）喜獲麟兒返來後頭厝
全身無力叫小春加我扶。

△轎子下右舞台。

施旺：（唱）我趕緊抓鴨子入來煮
順煞訂作一些紅龜。

△施旺開始忙碌，抓著屋外的鴨子……

△燈暗。

第八場

人物：施旺、乞丐甲乙、農夫

場景：野外

△晴空萬里。

△施旺抱著一隻鴨子，提著「謝籃」興高采烈地走來。

施旺：（唱）來去加丈人作生日
　　鴨角麵線還有布一匹
　　皮鞋昨暝就一直拭
　　穿插體面禮數才不失。
　（唱）這擺身份大不同
　　口袋雙邊黑白摸
　　紅包要送丈人翁
　　「簽帳刷卡」嘛無妨。

△施旺突然發覺鴨子一直刮刮叫著……

施旺：人家說囝仔不是哭就是笑，不是屎就是尿，我已經作老爸，要懂得這種道理，鴨子刮刮叫一定是肚子餓，要不就是口渴，對！一定是按呢，那怎麼辦呢？

△施旺舉目四望，見路邊是河水。

施旺：對！伊若嘴乾，我就放伊去喝水……

△施旺將鴨子放入水中，鴨子拍拍翅膀愈游愈遠。

施旺：鴨子，你不要游太遠，要不你會迷路……咦？鴨子你要去哪兒？回來！你快回來呀——

（唱）鴨角落水一直泅

我在岸上拼命咻

展翅親像加我擛手

一聲「擺擺」作伊溜。

△施旺表情沮喪不已。

施旺：這該怎麼辦？要讓它喝水它卻跑了……咦？這河中還有鯉魚游來游去，對了！雖然丟了鴨子，但如果能抓幾條鯉魚也是好的！可是……要用什麼來抓魚呢？（思索）對！用麵線當魚網——

△施旺拿出麵線編成魚網狀，然後得意地拋入水中，但試了好幾次不但沒撈到魚，反而手中的麵線全溶入河水中。

施旺：咦？怎麼這樣？麵線——我的壽麵——慘了，魚沒撈到，連麵線也沒了，這下該怎麼辦？

△兩名乞丐從右舞台上，好奇地望著施旺的一舉一動，兩人議論紛紛。

施旺：（唱）麵線撈魚那有錯
撈起來啥密攏嘸
看到鯉魚水中「葛」
施旺搖頭無奈何。

△施旺欲走時，一陣風吹來，吹得路旁的竹枝「嘩嘩」響，施旺訝異思考。

施旺：咦？這「模」竹仔是按怎一直「哭」？啊！我知道了，竹仔一定是乎風吹到很冷才會這樣叫……好佳哉我這兒還有一塊布，將它圍起來，伊就不會冷啦——

△施旺將布圍在竹子欉，兩名乞丐困惑地走到他身旁。

乞甲：喂，借問一下，你按呢是在作啥！

施旺：竹仔會冷，我加伊穿衫！

乞乙：我呢？我現在很冷，歸氣你嘛加我可憐一下！

施旺：我……我是想要加你這腳手，可是我現在什麼都沒有！

乞甲：我實在講，作乞者幾十年還沒遇上這麼「條直」的人。

乞乙：咱們不要理他，坐啦，剛才「分」到的物件拿出來吃呀——

△乞乙欲坐下，乞甲拉住他。

乞甲：稍等一下，你按呢就要坐下去，你沒看到一堆牛屎上面全是蒼蠅？

△乞乙揮手，蒼蠅飛走了。

乞乙：戶蠅嘗屎疕，看我來就爬起——

施旺：耶——這句好！這句是好話，我已經記住了——

乞甲：肖仔，不要理他——

△乞甲和乞乙不屑離去，臨走前還將壽幛拿走。

施旺：（唱）這句果然是好話

有機會我就來講笑「虧」

丈人爸若知影我這麼能講話

一定歡喜到弄枴仔花。

△施旺繞了幾圈，在左下舞台看見一名農夫搬著一堆竹片修理籬笆。

△施旺好奇地走過去。

施旺：這位大哥，你在這兒作啥？

農人：修理籬笆呀——

施旺：那怎麼有新的竹仔和舊的竹子混在一起？

農人：這叫作「新籬接舊籬，暫渡來過時」——

施旺：（喃喃）新籬接舊籬，暫渡來過時！耶，這句好！這句好！這是一句好話對嗎？

△農人緩緩起身欲往右舞台走，施旺急急趕過去。

施旺：大哥，你要去那兒？

農人：回家——

施旺：你教我講幾句好話好嗎？

農人：講好話？好好講就是好話啦——

施旺：哦？是這樣？咦？你看，前面是兩條溪合在一起，咦？一條是清水；一條是濁水——

農人：嗯，這叫作「流水相通，水色不同」！

△農人離去，施旺興奮得不得了——

施旺：（唱）台灣賢人實在眞多

講話有力親像刀切瓜

我一定要記住這幾句好話

阮某聽了一定開心花。

△施旺高興地往目的地走去——

△燈暗。

第九場

人物：員外、玉娟、姚安、小春、瑞君、施旺、村人若干

場景：王家客廳內外

△客廳中八音鼓吹洋溢，背景是一個大壽字。

△員外忙著招呼客人，村人若干上。

眾人：（唱）　員外六十作大壽

厝內厝外掛紅綢

姚安心虛頭「縮縮」

心情鬱卒準備來飲酒。

△姚安雖然不情願，但被玉娟拖著前來。員外急急迎上。

員外：啊，玉娟，姚安你們也來了，請裡面坐。

玉娟：祝姨丈福如東海壽比南山——咦？姚安，你啞巴？

姚安：我會講的那兩句都被妳說完了，我無話可說——

玉娟：我乎你氣死——

員外：不要緊——來就好，對啦，瑞君昨天就回來了，伊在裡面等妳——

姚安：啊？瑞君？

玉娟：按怎？

姚安：沒有啦！瑞君眞「友孝」，老爸生日還會返來作生日！

△姚安和玉娟入內，瑞君和小春迎出。

玉娟：瑞君，聽講妳已經生了？恭禧！今天眞是雙喜臨門啦——

姚安：瑞君，我實在是替妳抱不平！
瑞君：姐夫，妳講的是啥意思？
姚安：（唱）啥人不知施旺是長工
伊厝親像是鳥籠
妳是千金小姐金繡房
竟然選伊來作尪？
瑞君：（唱）婚姻本是天註定
生活應該試鹹淡（加）
各人有各人的命
榮華富貴我嘛不會誘（暇）。
玉娟：（唱）你扛轎煩惱新娘不放尿
人在吃米粉你在喊燒？
姚安：（唱）我是眞正加伊疼惜
若無管伊去乎別人按怎劉（ㄌㄧㄜˇ）。
瑞君：（唱）姐夫心意我心領
眞欣羨恁尪某逗陣行
風風光光入大廳
阮表姐你愛眞正加伊疼。

△瑞君一直望著外頭，員外請大家入座。

小春：小姐，免煩惱啦，姑爺作代誌眞「頂眞」，一定馬上到了——

瑞君：不知路上會發生啥意外，我實在眞耽心——

△姚安又獻殷勤地走出。

姚安：瑞君，快開桌了，先入來坐啦，來，坐我的邊仔啦！

瑞君：這……裡面嬰兒還需要我照顧，我先失陪了——

△瑞君和小春入內。姚安失望坐回桌旁。

員外：大家坐，今日是老夫六十生日，承蒙大家不棄嫌，菜埔根茫咬鹼，粗菜薄酒不成敬意——

△員外招呼衆人之際，施旺急急趕到。

施旺：丈人爸——我來了……我要來加你祝壽，兼加你講好話——

△姚安示意衆人不要動。

姚安：作子婿的人這麼慢才來，乎我來加教訓。

△姚安起身。

姚安：喂，施旺，你這麼晚來，你有啥話通講？

施旺：啊，我想到了，你是戶蠅嘗屎疕，看我來就爬起。

△衆人一聽哄堂大笑，姚安氣得臉色發青。

姚安：你——氣死我了——

員外：施旺，不可無禮，這邊坐——來人，乎伊一付筷子！

△佣人放一付象牙筷。

姚安：這種粗俗人不用象牙筷，用竹仔筷就好！

△佣人又換了一雙竹筷。

施旺：啊，我又擱想到了……這叫做新籬接舊籬，暫渡來過時——

△小春剛走出，聽到施旺出口成章，急急又入內。

△衆人紛紛喝采。

村人：員外，施旺什麼時候學問變得這麼好，趕快替他換一付象牙筷吧——

△佣人又急急換成象牙筷——

玉娟：姚安，你愈講愈漏氣，你邁講話，無人會講你是啞巴！

員外：對……大家邁見怪，來，喝酒——

△員外倒酒，姚安從旁拿一瓶醬油替施旺倒滿。

員外：來……乾杯——

△衆人一飲而盡，但施旺卻不動。姚安見狀又藉題發揮——

姚安：施旺，大家舉杯敬你丈人爸，你連杯子都不端，這太沒禮貌了——

施旺：這叫作：「流水相通，水色不相同。」

△衆人不禁嘆服，隨小春走出的瑞君也不禁訝異——

瑞君：（唱）聽到阮尪的言語

心中暗暗來起疑
出口成章秀才嘛難得比
脫胎換骨眞是怪奇。
施旺：（唱） 各位大兄加大嫂
一切攏是阮某的功勞
叫我講好話就無錯
聽某嘴就不會惹風波。
△施旺得意地向衆人打躬作揖。
瑞君：相公，不要忘了在厝裡我加你交待的話——
施旺：我知啦，娘子妳放心！我絕對不會漏氣——
△瑞君示意小春將線頭綁在施旺的腳上，然後拉著線另一端走入房內。
△衆人入座，瑞君隔著窗戶拉著線，施旺果然有板有眼中規中矩地與衆人吃喝起來。
衆人：（唱） 宴席大餐眞「澎派」——
豬腳滷蛋排歸排
燒酒擱乎人飲通海
員外歡喜得到一位好子婿。
（唱）酒過三巡有變化
狗仔餓鬼會流涎

要吃魚骨將線一直拖

施旺一直吃到拼冷汗。

△一切都算正常之際，突然一隻小狗跑來桌下找骨頭吃，沒想到正好被那條線纏住了，小狗要掙脫線，胡亂扯線，施旺以爲太太要他多吃點，隨著線拉個不停，一直挾菜吃著，更進一步把菜塞進衣服內，衆人訝異得說不出話來。

施旺：好了啦，太太，妳別拉了，再拉我連桌子都要帶回家了——

△瑞君和小春急急出來解圍。

瑞君：相公——你有要緊嘸？

施旺：吃太快，我……

△施旺快嘔吐，急急奔出門外。

△衆人議論紛紛。

玉娟：瑞君呀！施旺人條直條直，怎麼吃起東西好像武松打虎，不要作事像桃花過渡呢！

瑞君：（唱）代誌怎麼會按呢來發生

千算萬算不知會有這種情形

豈能失禮在衆人的面前

我已有妙計在心胸。

姚安：哼！我眞正沒見過這麼沒禮貌的人，瑞君仔，妳現在一定眞後悔，後悔無嫁像我這種煙斗識禮的公子哥？

瑞君：不瞞諸位，剛才是我和施旺故意安排，目的是爲爹親壽誕助興，看大家剛才哈哈大笑，按呢已經達到娛樂的效果了——

△衆村人點頭稱道，員外更是高興

員外：這施旺眞難得，竟然有這份的孝心——

瑞君：爹，施旺和女兒還有一事相求。

員外：啥代誌作妳講！

瑞君：女兒剛生下一子，尚未命名，望爹親能夠爲孫兒取一佳名——

員外：要號名嘛……一時間要號啥名呢——

△員外四處張望，正好見到施旺在外吐完回來，靠在門邊喘氣——

員外：姓施……施旺現在正好靠在門邊，對！不如我加號作施門靠——

△在外聽到的施旺差點跌倒，急急衝入。

施旺：阿爸，你講阮子是叫施門靠？

員外：對呀！按怎？歹聽，要不再改名字好不好？

施旺：不要——就是施門靠，太太，咱有錢了——

（唱）橋邊的人早有指示

要得白銀愛有福氣

財寶的主人有所指

施門靠正是伊的名字。

瑞君：（唱）眞正有這款的代誌
　　　　莫非這一切攏是天意
　　　　一定是你好心善良感動天
　　　　若無怎會有這麼玄奇？
小春：（唱）這種代誌親像中獎券
　　　　我小春永遠無這種福份。
玉娟：（唱）大家講錢講到搶搶滾
　　　　我聽得嘴涎一直呑。
姚安：（唱）姨丈你是老番癲不識寶
　　　　按怎不講我是施門靠。
員外：（唱）我若知影我就自已報
　　　　甘還有通留到乎你討？
瑞君：（唱）既然咱子是金財主
　　　　咱應當感謝天來賜。
施旺：（唱）這種代誌不通放太久
　　　　若乎人提去咱就全輸。
　△施旺拉著瑞君急急離去
小春：小姐、姑爺，稍等一下。

△小春抱著嬰兒追趕而去。

姚安：姨丈，你嘛緊加我改一個名，我嘛要作有錢人——

玉娟：你睏茫睏，邁作眠夢啦——

△燈暗。

第十場

人物：財神、施旺、瑞君、小春、員外、姚安、玉娟、村人若干

場景：野外獨木橋

△財神又悠哉地坐在橋邊

財神：（唱）財神是天庭的公務員
雖然肚餓想要吃肉丸
下班時間未到無法如願
「盡忠職守」才不顧人怨。

△財神打個哈欠。

財神：照時間算，施門靠也應該要來了，是按怎還沒看到人影？

△施旺、瑞君及小春抱小孩匆匆而上。

施旺：到了，就是這兒——
瑞君：你講的白銀呢？
施旺：就在河裡面呀，我現在就跳下去——
財神：且慢——源來是你？
（唱）上次看你古意才送你自限
你又擱回頭是啥原因
甘講你已經目頭暈暈？
豆油是你的才能提去斟（亭）。
施旺：（唱）施旺不是貪心的人
今日來要加你講一項
我已經找到白銀的主人
正是阮施家的大房。
瑞君：（唱）阮子名叫施門靠
特別帶來加你許可
我有準備很多條大索
白銀一箱一箱扛返來鎖。
小春：是啦，阮老爺剛才正好為小少爺取名施門靠。
財神：妳有啥證明？身份證還是駕駛執照？

△眾人面面相覷。

財神：既然無法度證明，怎麼能讓你帶走白銀呢？

施旺：這……這千眞萬確，你若不相信，問台下的觀眾，他們都看到的——

△演員可以引誘觀眾溶入劇情，讓他們共同參予。

施旺：你看，台下的觀眾都替我作證了——

△財神笑笑——

財神：哈……放心，這個世界只要有好心就有好報，像你兒子能得這些財富，是因爲你一向心地善良。去吧！把河裡的白銀全帶回家吧！別忘了，要利用這些錢行善佈施呀——

△財神隱入大樹後，人影不見了——

△施旺下水撈起一些銀磚——夫妻倆興奮不已。

眾人：（唱）好人好心有好報
雖然人生不時有風波
誠實待人無災禍
石頭仔嘛會變仙桃。
（唱）無錢無勢無要緊
努力打拼才是眞
有錢的人嘛愛知禮信

社會才是一家親。

△員外及衆村人急急趕到，頻頻向施旺道賀。

△姚安與玉娟趕來，玉娟一直責備姚安，姚安終於認錯，也向施旺及瑞君道歉。

△財神由大樹後跳出，衆人一起載歌載舞——

△音樂持續，舞蹈持續一直到落幕。

△全劇終。

歷年創作紀錄

歷年創作紀錄

著作名稱	發表日期	備註
生命的拷貝	75.7.21.	新聞局優良電影劇本
雲門舞鞋	75.7.21.	新聞局優良電影劇本
迷途	76.07.	新聞局優良電影劇本
雷雨之夜	76.08.	教育部文藝創作獎第三名
婚禮	77.06.	文建會優良舞台劇本佳作
急診室風波	78.07.	文建會優良舞台劇本第二名
永恆的快門	79.	耕莘文學獎首獎
詛咒	80.	小說集／漢藝色研出版
眞情的覺悟	80.	八十年度廣播劇本金環獎第一名
明天是新年	80.03.	文建會優良舞台劇本第一名
夜戲	80.03.	文建會優良舞台劇本佳作
台北車站	81.	教育部文藝創作獎第三名
古枕	81.	小說集／漢藝色研出版
雷雨之夜	81.04.	耕莘公演舞台劇本
艾莉絲夢遊記	81.05.	文建會優良舞台劇本佳作

練芋／原著錢中平	81.10	耕莘公演舞台劇本
聽說你家是龍穴	81.12.	耕莘公演舞台劇本
眞情的覺悟	82.	舞台劇本
三代刑警	82.	八十二年度廣播劇本金環獎
艾莉絲夢遊記	82.05.	耕莘公演舞台劇本
四次元的劇本	82.12.	耕莘公演舞台劇本
龍吐珠	83.	八十三年度青年日報文學獎佳作
台北大劈棺	83.	教育部文藝創作獎
幻想擊出一支全壘打	83.	小說集／遠流出版
天暗燒香去囉／原著沙究	83.05.	公視電視劇本
幻想擊出一支全壘打	83.12.	耕莘公演舞台劇本
幻想擊出一支全壘打	84.	鏡子劇團社教館舞台劇本
尋找佛洛依德	84.	教育部文藝創作獎佳作
大頭三部曲	84.	兒童舞台劇本
未定名	84.	舞台劇本
半身冤	84.	歌仔戲劇本、未定稿
吊人樹／原著王拓	84.	公視電視劇本
相逢台北橋	84.	聚點劇團社教館舞台劇

台北車站	84.06.	耕莘公演舞台劇本
閹雞／原著張文環	84.06.	台北戲劇季
死者／原著李為仁	84.07.	晚晴劇團藝術館舞台劇
請摘下你的墨鏡	84.08.	文建會優良舞台劇本佳作
獨家報導	84.08.	文建會優良舞台劇本佳作
龍吐珠	84.12.	國家文藝金像獎劇本類第一名
比文招親（上）	85.	台北戲劇季歌仔戲劇本
再生緣（下）	85.	歌仔戲劇本
尋找佛洛依德	85.	八十五年度教育部文藝創作獎舞台劇本佳作
腦中腦	85.	佛光山文學獎佳作
獨家報導	85.10.	耕莘公演舞台劇本
藝妲間／原著張文環	86.	舞台劇本
昨天・今天・明天	86.	台灣劇團全省舞台劇
尋找佛洛依德	86.03.	第一屆耕莘藝術季演出劇本
藝妲間／原著張文環	86.06.	公視電視劇本
春花望露	86.06.	公視電視劇本共 21 集
聖劍平冤	86.07.	台北戲劇季歌仔戲本
咱來去蕃仔林喔	86.07.	台北戲劇季客家舞台劇本

神明闖紅燈	86.10.	耕莘藝術季舞台劇本
24小時防身術	86.12.	生活事典系列／時報出版
妙計連環	87.	歌仔戲劇本
新遊龍戲鳳	87.	歌仔戲劇本
獅王／原著黃美序	87.03.	第二屆耕莘藝術季演出劇本
台北喬太守	87.05.	電視劇本
多紀的約定	87.09.	阿美族語劇本
木劍先生	87.10.	耕莘藝術季舞台劇本
廿五張郵票	87.11.	公視電視劇本
春成的賠命錢／原著林雙不	87.11.	民視電視劇本
收藏．台北．一九九九	87.12.	舞台劇本
台灣我的母親／原著李喬	88.01.	八十八年度中正文化中心歌仔戲劇本第一名
螢火蟲的燈泡不亮了	88.05.	高雄縣立文化中心優良兒童舞台劇本徵選佳作
財神請鼓掌	88.05.	八十七年度教育部文藝創作獎歌仔戲劇本項第一名
離婚進行曲	88.05.	八十七年度教育部文藝創作獎舞台劇本項佳作
椅仔姑	88.08.	民視台灣奇案單元劇
死張活廖	88.09.	民視台灣奇案單元劇
屏東施門環	88.10.	民視台灣奇案單元劇

螢火蟲的燈泡不亮了	88.10.	第三屆耕莘藝術季演出劇本
淚灑愛河橋	88.11.	民視台灣奇案單元劇
赤腳婆	88.12.	台視六點半閩南語連續劇 28 集
誰人的子	89.02.	台視六點半閩南語連續劇 40 集
白鐵與朱紅	89.04.	雅歌第二屆文學獎散文類首獎
	89.5.4.	中國文藝協會第四十一屆文藝獎章
台北大劈棺	89.11.	第四屆耕莘藝術季演出劇本
淡水夕陽紅	89.11.	電視五集單元劇本
	89.12.9.	第一屆姜龍昭編劇創作獎
誰怕無敵鐵金剛	90.05.	第一屆兒童戲劇嘉年華演出劇本
露營	90.10.	第五屆耕莘藝術季演出劇本
羅漢腳仔	90.12.	九十年度教育部文藝創作獎歌仔戲劇本項第三名
我家住在鯨魚的肚子裡	91.05.	第二屆兒童戲劇嘉年華演出劇本

國家圖書館出版品預行編目資料

比文招親 / 黃英雄著. -- 初版. -- 臺北市：文史哲, 民91

面： 公分 - （黃英雄歌仔戲劇本集；2）

ISBN 957-549-455-5 (平裝)

854.5 91013304

黃英雄歌仔戲劇本集 ②

比文招親

著 者：黃英雄
出版者：文史哲出版社
登記證字號：行政院新聞局版臺業字五三三七號
發行人：彭正雄
發行所：文史哲出版社
印刷者：文史哲出版社
臺北市羅斯福路一段七十二巷四號
郵政劃撥帳號：一六一八〇一七五
電話886-2-23511028・傳真886-2-23965656
實價新臺幣三二〇元

中華民國九十一(2002)年七月初版

ISBN 957-549-455-5